回望壹玖壹壹

海峡两岸纪念辛亥革命一百周年图集

1911—2011

中国文史出版社

　　100 年前，以孙中山先生为代表的革命党人发动了震惊世界的辛亥革命，开启了中国前所未有的社会变革。今天，我们隆重纪念辛亥革命 100 周年，深切缅怀孙中山先生等辛亥革命先驱的历史功勋，就是要学习和弘扬他们为振兴中华而矢志不渝的崇高精神，激励海内外中华儿女为实现中华民族伟大复兴而共同奋斗。

　　——中共中央总书记、国家主席、中央军委主席胡锦涛在纪念辛亥革命 100 周年大会上的讲话（2011 年 10 月 9 日）

中共中央政治局常委、全国政协主席贾庆林，全国政协副主席兼秘书长钱运录
观看"回望壹玖壹壹——海峡两岸纪念辛亥革命一百周年"图片展。

　　应邀参加纪念大会的辛亥革命先辈后裔、海外嘉宾，有关专家、学者观看"回望壹玖壹壹——海峡两岸纪念辛亥革命一百周年"图片展。

编委会

序

金冲及

　　100 年前，在中国这块古老大地上，爆发了一场震惊世界、改变中国的伟大事件，这就是孙中山先生领导的辛亥革命。这场革命的历史贡献，突出地体现在三个方面：

　　第一，辛亥革命在中国人面前提出了新的奋斗目标，"开创了完全意义上的近代民族民主革命"，这个意义非同小可。

　　近代以来，中国人民遭受的苦难实在太深重了。当历史跨入 20 世纪的时候，西方列强的八国联军武装占领中国首都北京达一年之久，逼迫清朝政府签订丧权辱国的《辛丑条约》。中国已完全堕入半殖民地的深渊，面临灭亡的威胁。清朝封建统治集团专制，媚外，腐败无能。人民饥寒交迫，挣扎在生死线上。于是，"救亡图存"的悲壮呐喊，回荡在世纪之交的中华大地上。无数志士仁人为了改变国家民族的命运，不屈不挠地进行了顽强的探索和抗争。

　　面对如此严峻的民族危机和社会危机，中国民主革命的伟大先行者孙中山先生，首先响亮地喊出"振兴中华"的口号，提出民族独立、民主政治、民生幸福三大奋斗目标，并且主张通过革命的手段来实现它。这在当时是最进步的思想，反映了时代的要求和人民的愿望。毛泽东同志曾经说过："中国反帝反封建的资产阶级民主革命，正规地说起来，是从孙中山先生开始的。"辛亥革命并没有完成这个任务，但它的历史功绩是不可磨灭的。正是在这个意义上，我们一直把自己看作孙中山先生开创的革命事业的继承者。

第二，辛亥革命推翻了统治中国几千年的君主专制制度，建立起共和政体，以巨大的震撼力和深刻的影响力，推动了近代中国的社会变革。这是辛亥革命最大的历史功绩，是一件了不起的事情。

中国在君主专制制度统治下已经几千年了。它不仅依靠经济、政治、军事等手段来实现统治，而且通过一整套严密的意识形态牢牢束缚着人们的头脑。人们从幼年时起，就根深蒂固地被灌输"三纲五常"那套封建伦理观念，把它看成万古不变的天经地义，设想不出还可以有什么别的政治制度来代替它。辛亥革命以前，中国各种进步的社会政治运动不管如何激烈，都没有触动这个根本性的问题。

辛亥革命一举结束了统治中国几千年的君主专制制度，建立起共和政体。把皇帝这个中国封建社会的头一下子砍掉了，整个旧社会秩序就全乱了套，旧势力再也建立不起一个统一的比较稳定的统治秩序。这为旧社会的崩溃和人民革命的最终胜利创造了重要条件。

第三，辛亥革命带来了民主意识的高涨和思想的大解放，打开了中国进步潮流的闸门。

民主意识是指国民对自己在国家中所处地位的认识。辛亥革命后，中华民国临时政府公布了《中华民国临时约法》，孙中山特别提出要写上"中华民国之主权属于国民全体"，这是他最看重的一点。民国成立后，尽管并没有实现人民当家作主，但民众的心理有了巨大变化，觉得自己是国家的主人。社会舆论空前活跃，报纸刊物上对国事纷纷发表种种议论，各种社会团体像雨后春笋般成立，推动并组织起许多群众性的活动。如果没有出现这样的新的社会氛围和民众心态，七年后发生五四运动是很难想象的。

辛亥革命也带来一次思想的大解放。它将过去被看得至高无上、神圣不可侵犯的皇帝都推翻了，那么，还有什么陈腐的、过时的东西不可以怀疑、不能推倒呢？思想的闸门一经打开，思想解放的洪流就不可阻挡。

因此，中国共产党十五大将辛亥革命称为 20 世纪中国发生的第一次历史性巨大变化，这是非常高的评价。今天的中国是昨日中国的继续和发展。跨出了第一步就会有第二步和第三步。

前辈学者任继愈前几年在一篇文章中饱含深情地写道："只有历尽灾难、饱受列强欺凌的中国人，才有刻骨铭心的'翻身感'。经过百年的奋斗，几代人的努力，中国人民终于站起来了。这种感受是后来新中国成长起来的青年们无法体会得到的。他们认为中国本来就是这样的。"

人民政协一向十分重视辛亥革命史料的征集和研究。在纪念辛亥革命 50 周年前后，曾编辑出版六集《辛亥革命回忆录》（后编至八集），有着很高的史料价值。许多省、市以至县政协也先后出版回忆辛亥革命的专题文史资料选辑。它们已成为辛亥革命研究工作者不能不读的重要历史资料。在近代，还有一个有利条件：保存下大批珍贵的历史图片。它有两个重要特点：一是形象性，使后世的读者能够直接感受到当时的时代氛围和社会生活场景；二是真实性，它没有经过后人的涂饰。这是用文字记载所不能替代的。这一次，中国文史出版社和台湾几个单位共同举办了海峡两岸纪念辛亥革命 100 周年图片展。图片展举办前，全国政协的同志把脚本拿给我看，我感到内容和框架结构都很好，特别是用图像的方式反映百年辛亥，可以使观众更真切地感受到，这场惊天动地的革命洪流是在怎样的环境下发生的，它带给中国社会的深刻变化和巨大影响。我对辛亥革命的图片过去看得比较多，但里面有多幅图片以往从来没有见过。政协的同志介绍，不少珍贵资料是台湾有关学术机构和研究单位提供的，其中，还有十几张当时西方国家的报纸，让我们对这场革命有更全景式的了解，并且也便于从外国人的视角进一步认识和研究辛亥革命。对影像资料这种珍贵史料，我们过去重视得不够，现在能把图片展的资料出版成画册，既可以丰富人民政协的文史资料宝库，又可以为历史研究提供更多的信息和更大的空间，发挥它在巩固和扩大爱国统一战线方面的积极作用。

辛亥革命是我们的前辈100年前在中国这块国土上进行的一次伟大实践。那些在黑暗年代里为民族独立、国家富强和社会进步而斗争的先驱者的业绩，是我们应该永远铭记的。深思辛亥革命的成功和失败，还能够帮助我们更具体地了解中国近代的国情，了解中国近代的历史道路是怎样一步一步走过来的。这对进一步增强海内外中华儿女的民族自豪感和自信心，万众一心地为实现中华民族的伟大复兴而努力，将会是一种巨大的鼓舞力量。

金冲及：著名历史学家和辛亥革命史研究专家。中共中央文献研究室原常务副主任、全国政协文史资料委员会原副主任、中国史学会原会长，第七、八、九届全国政协委员。现为中共中央文献研究室研究员，北京大学、复旦大学兼职教授，俄罗斯科学院外籍院士。主要作品有：《二十世纪中国史纲》（四卷本）、《辛亥革命的前前后后》、《孙中山与辛亥革命》、《辛亥革命史稿》（四卷本，合著）、《从辛亥革命到五四运动》（合著）等。

目 录

第一部分：内忧外患

　　中华民族以自己的勤劳和智慧，曾经创造了辉煌的古代文明，站在世界的前列。但是，当历史车轮驶入近代时，古老的中国却大大落伍了。自 19 世纪中叶开始，帝国主义列强竞相入侵，封建统治者腐败不堪，丧权辱国，中国一步步沦为半殖民地半封建社会。国势日衰，生灵涂炭，面临被西方列强瓜分的危局。面对日益严重的民族危机，无数仁人志士怀着强烈的爱国情怀和危机感去寻找和探索祖国的出路，寻找挽救中华民族危亡的道路。

1840 年，急于向海外扩张的
欧洲资本主义强国——英国，发动
侵略中国的鸦片战争，用坚船利炮
轰开中国的大门。图为 1843 年英
国画家托马斯·阿罗姆（Thomas
Allom）绘制的彩色铜版画，描绘
的是鸦片战争中英军登陆广州附近
城镇的情形。

阿罗姆绘制的英军攻占镇江的彩色铜版画。经过惨烈战斗，清军守城将士全部为国牺牲。

1842年8月，英国侵略者迫使清政府订立中国近代历史上第一个不平等条约——中英《南京条约》。鸦片战争使中国丧失了作为独立国家的完整主权，成为中国历史的转折点。这里描绘的是在英舰"康华丽号"上签订《南京条约》的场景。

　　1856 年 10 月，英军挑起侵略中国的第二次鸦片战争。清政府被迫与俄、美、英、法四国签订《天津条约》，扩大列强在华特权。1860 年 8 月，英法联军占领天津，进逼北京。这是英军摄影部主任菲利斯·比托（Felice Beato）拍摄的大沽口炮台清军在列强炮火中惨死的场景。

法国《世界画报》（Le Monde illustre）描绘英法联军攻占大沽口炮台的木刻版画

这是 19 世纪法国画家绘制的
《八里桥战役》木刻版画，描绘战况
的惨烈，清军伤亡惨重。

英法联军纵火焚毁圆明园，园内珍宝被洗劫一空。随后，清政府又被迫与侵略者签订丧权辱国的《北京条约》。1873 年德国人恩斯特·奥尔末（Ernst Ohlmer）拍摄的圆明园残景，被认为是最接近圆明园被毁时的历史影像。

左图：谐奇趣主楼东侧面。

下图：谐奇趣全景。

沙皇俄国先后通过强迫清政府签订中俄《瑷珲条约》(1858 年)、《北京条约》(1860 年)、《勘分西北界约记》(1864 年)及其后的一系列不平等条约,侵占中国 150 多万平方公里土地,成为掠夺中国领土最多的国家。上图为入侵中国的沙俄军队。

右图:1883 年 12 月 8 日英国《伦敦新闻画报》(The Illustrated London News)以木版画形式描绘的外国鸦片运抵上海港的情形。

Packing.

THE ILLUSTRATED LONDON NEWS

433

Oct. 29, 1864

THE TAEPING WAR IN CHINA: PALACE OF THE TAEPING WANG AT NANKIN, LATELY CAPTURED BY THE IMPERIAL FORCES.—SEE PAGE 432.

从鸦片战争开始，中国人民为反抗外敌和改革现状，同外国侵略者和本国封建势力进行了长期的英勇顽强的斗争，写下了可歌可泣的悲壮篇章。1851 年，爆发了洪秀全领导的太平天国农民革命运动。历时 14 年，席卷 18 个省，攻克 600 多座城市，在南京建立了太平天国政权，颁布了中国农民运动史上第一个完整的土地纲领——《天朝田亩制度》。

上图：1864 年英国《伦敦新闻画报》（The Illustrated London News）刊载的南京天王府铜版画。

左图：19 世纪欧洲画家绘制的天王洪秀全铜版画。

第二次鸦片战争后，为挽救清政府的统治危机，奕䜣、曾国藩、李鸿章、左宗棠、张之洞等一批中央和地方官员，推行了一场以学习西方的武器装备和科学技术，力求实现"自强"、"求富"，以维护和稳定封建统治为目的的自救运动，史称"洋务运动"。1861年，清政府设立总理各国事务衙门，标志着洋务运动的开端。这是晚清时拍摄的总理衙门外景。

左图：恭亲王奕䜣。拍摄于恭王府花园内的假山旁。

右图：1872 年的李鸿章，时任直隶总督兼北洋通商大臣。拍摄于天津李府。
这两张照片为苏格兰摄影师约翰·汤姆逊（John Thomson）拍摄。

由李鸿章创办的南京金陵机器制造局，诞生于 1865 年，是晚清洋务运动中开办较早、规模较大的兵工厂之一，其主要产品有枪、炮、弹药、火药、水雷等。

上图：摄影师汤姆逊当时在金陵机器局参观时拍下的正在测试仿制的加特林机枪的场景。左图中的外国人即摄影师本人。

　　上图：1883 年 7 月 28 日《伦敦新闻画报》（The Illustrated London News）木刻版画。画中江南制造局的工人们正在铸造炮管，洋人教习在一旁指挥和监督。

　　下图：福州船政局，又称马尾船政局，1866 年由闽浙总督左宗棠创办于福州马尾山下，是中国近代最重要的军舰生产基地，李鸿章赞其为"开山之祖"。后在继任船政大臣沈葆桢的苦心经营下，成为当时远东最大的造船厂。附设的船政学堂，培养出中国第一批近代化的造船和航海人才，被誉为"中国近代海军的摇篮"。

　　1871 年，在中国第一个留学生容闳的提议下，曾国藩、李鸿章联名奏请朝廷选派学生赴美留学，获得批准。1872 年至 1875 年，清政府分四批派遣 120 名幼童出洋留美，史称"留美幼童"。日后，他们当中的许多人成为影响中国近代化进程的重要人物。上图为 1872 年首批留美幼童出发前在上海轮船招商局门前合影。

Dresses worn by students before departure for the States.

Liang Yu Ho
(M.T. LIANG)

Tong Shao Yi

　　第三批留美幼童唐绍仪（右）和梁如浩合影。唐绍仪后来成为中华民国第一任总理，梁如浩在辛亥革命前夕出任袁世凯内阁邮传部副大臣。两人还是儿女亲家。

　　洋务运动在客观上刺激和促进了民族资本主义的发展，加快了中国人民的觉醒。然而，洋务派的强国方案，鼓吹"中体西用"，以采用西方先进技术为"用"，来维护已经完全不适应生产力发展的腐朽的中国封建主义制度的"体"，注定了洋务运动必将失败。图为晚清状元张謇创办的民族工业——南通大生纱厂。

上图：英国《图画报》（The Graphic）木刻版画，反映的是 1884 年 8 月中法马尾激战的情况。尽管福建水师英勇还击，但由于指挥不当，加上装备落后，海战不到 1 小时，福建水师兵舰 11 艘（扬武、济安、飞云、福星、福胜、建胜、振威、永保、琛航 9 舰被击毁，另有伏波、艺新两舰自沉）以及运输船多艘沉没，官兵殉国 760 人，福建水师全军覆灭。

下图：法国《环球画报》（L'unirers Illustre）炮轰镇南关的木刻版画。1885 年 2 月底，法军进占镇南关。老将冯子材临危受命，率领清军在广西镇南关（今友谊关）大败法军，进军谅山，扭转战局，导致法国茹费理内阁倒台。可是，昏聩的清政府却在有利形势下向侵略者屈膝求和，订立了屈辱的《中法新约》。当时人称："法国不胜而胜，中国不败而败。"

　　1894 年中日甲午战争，洋务派苦心经营的中国新式陆海军完全溃败。这是 1894 年 11 月 24 日《伦敦新闻画报》（The Illustrated London News）印制的"镇远号"水彩画，描绘的是经历了海战的"镇远号"铁甲舰在旅顺港维修的场景，从烟囱和船体上的弹痕可见与日本海军战斗的激烈程度。

　　1894 年 9 月 8 日《伦敦新闻画报》(The Illustrated London News) 印制的水彩画，原图说：中日战争——李鸿章的欧式重型火炮正在发射。甲午战争中，淮军成为陆地战场的主力部队，他们装备着新式的武器，但最后仍然无法逃脱战败的命运。

根据战后签订的《马关条约》，中国被迫割弃台湾；向日本支付2.3亿两白银的巨额赔款；日本取得西方列强在华已有一切特权。甲午战争进一步暴露了清政府的腐败无能和中国的积贫积弱，加剧了帝国主义对中国的争夺，迅速把中国推向濒于瓜分的境地。这是甲午战争后，占领澎湖的日军与当地民众。

慈禧太后

光绪皇帝

康有为

梁启超

谭嗣同

　　甲午战争后，以康有为、梁启超、谭嗣同为代表的资产阶级维新派，于1898年（农历戊戌年）发动了一场颇具声势的变法维新运动，试图按照英、日等资本主义国家的模式，在中国实行以建立君主立宪制、发展资本主义为最终目标的自上而下的政治改革。

　　维新派通过光绪皇帝发布了100多道变法诏书、谕令，内容包括保护和奖励农工商业、废除八股文、兴办学校、澄清吏治、广开言路、准许组织学会和开设报馆、给予出版言论自由等。但仅有103天，维新变法运动即被封建顽固派扼杀。"有心杀贼，无力回天"，戊戌六君子血洒京城菜市口。

中华民族是背负着八国联军占领北京、被迫与西方列强签订《辛丑条约》的巨大耻辱，跨入 20 世纪门槛的。1900 年，英、美、法、德、俄、日、意、奥（即奥匈帝国）八国联军，出兵镇压义和团运动，发动侵略中国的战争，先后攻陷天津、北京，慈禧太后挟光绪皇帝逃往西安。北京城遭到空前洗劫。图为遭斩杀的义和团拳民。

上图：在天津紫竹林教堂避难的民众。

右页：位于天津火车站与法国领馆之间的街区，是天津城内交战最激烈的地方。从图中可见，原本新式洋气的商店，只剩下破碎的窗户和千疮百孔的墙壁。

在故宫中列队行走的美国军队

Le Petit Parisien

SUPPLÉMENT LITTÉRAIRE ILLUSTRÉ

TOUS LES JOURS
Le Petit Parisien
5 CENTIMES.

DIRECTION: 18, rue d'Enghien, PARIS

TOUS LES JEUDIS
SUPPLÉMENT LITTÉRAIRE
5 CENTIMES.

上图：当时法国出版的单张彩色石印画，描绘的是联军攻入北京城的情景，图上注有"英军、美军、法军、中国军队、俄军、拳民"等字样。

左页：1900 年法国《小巴黎人》（Le Petit Parisien）画报增刊彩色石印画，描绘的是俄军攻入北京城的情景。

　　战后签订的《辛丑条约》，是中国近代史上赔款数目最庞大、主权丧失最严重、精神屈辱最深沉，给中国人民带来空前灾难的不平等条约。这是前去谈判的李鸿章。右二是迎接他的英国远征军司令阿尔弗雷德·盖斯利将军。

　　1901 年 9 月 7 日，德、英、法、俄、美、日、意、奥、荷、西、比十一国公使和大清政府代表在西班牙使馆内签署了《辛丑条约》。照片中围桌而坐者，从左至右分别为荷兰公使克罗伯（F. M. Knobel）、日本公使小村寿太郎（Jutaro Komura）、意大利公使萨尔瓦多·拉吉（MarPuis J. Saloago Reggi）、比利时公使姚士登（M.N. Joostens）、奥匈帝国公使齐干（Baron M.C.De Wallton）、西班牙公使葛络干（Don B.J.de Cologan）、俄国公使格尔斯（M.De Giers）、德国公使穆莫（Dr. Von Mumm）、英国公使萨道义（Sir E. Satow）、美国公使柔克义（William Woodville Rockhill）、法国公使鲍渥（Paul Beau）、外务部右侍郎联芳、议和全权大臣李鸿章、庆亲王奕劻。

光緒二十六年十二月二十六日內閣奉
上諭本年夏間拳匪搆亂開釁友邦朕奉
恐駕西巡京師雲擾迺命慶親王奕劻助大學士李鴻章
作為全權大臣便宜行事與各國使臣止兵議款
昨據奕劻等電呈各國和議十二條大綱業已照
允仍電飭該全權大臣將詳細節目悉心酌量
中華之物力結與國之歡心既有悔禍之機宜頷
自責之詔朝廷一切委曲難言之苦衷不得不為
兩天下臣民明諭之此次拳教之禍不知者或疑
國家縱庇匪徒激成大變殊不知五六月間屢詔
勸拳保教而亂民悍族迫人於無可如何既苦禁
諭之俱窮復憤存亡之莫保迨至七月二十一日

　　1901 年 2 月 14 日清政府关于"量中华之物力，结与国之欢心"的上谕。腐朽的清政府完全成为"洋人的朝廷"，中国面临着亡国灭种的威胁。近代中国民族民主革命所面临的反帝反封建的任务，更加迫切地摆在中国人民面前。

KIAO-TCHÉOU

PORT-ARTHUR

CHINE

1900 年法国《小报》（Le Petit Journal）画报增刊彩色石印画，描绘列强在庚子事变后，瓜分中国的企图。图中人物的象征：左一为英国维多利亚女皇，左二为德皇威廉二世，左三为俄皇尼古拉二世。

第二部分：志士同盟

　　孙中山先生是站在时代前列的历史伟人，是中国民主革命的伟大先驱。从 1894 年创立兴中会起，孙中山先生为了"亟拯斯民于水火，切扶大厦之将倾"，全身心地投入反对帝国主义和封建统治的革命事业，奔走于海内外，联合各方力量，建立革命团体，从事宣传鼓动，发动武装起义。1905 年，孙中山先生提出"民族、民权、民生"三大主义，高举实现民族独立自由和民主革命的旗帜，领导创立中国同盟会，开创了完全意义上的中国近代民族民主革命。

孙中山，名文，号逸仙，1866 年 11 月 12 日出生于广东省香山县（今中山市）翠亨村。
图为 1883 年 17 岁时的孙中山。这是目前所发现的孙中山最早的照片。

翠亨村孙中山故居。1892 年由孙中山亲自设计建造。

1879 年 6 月，13 岁的孙中山随母亲赴檀香山投靠哥哥孙眉，得其兄资助进入教会办的中学，接受西方近代教育。这次出国对他的思想发展起到了积极影响。他后来回忆说："始见轮舟之奇，沧海之阔，自是有慕西学之心，穷天地之想。"图为 1879 年秋孙中山就读檀香山的教会学校——意奥兰尼书院旧址。

孙中山在檀香山学习五年后，于 1883 年 7 月回国，又先后就读于广州博济医院和香港西医书院。1892 年 7 月，以年级第一名的优异成绩，从香港西医书院毕业，开始在澳门、广州等地行医济世。图为广州博济医院旧址。

孙中山在香港西医书院求学时，常与好友杨鹤龄（左一）、陈少白（左三）、尤列（左四）聚谈反清抱负，抨击时政，被称为"四大寇"（后排立者为同学关景良）。

1893 年冬，孙中山与陆皓东、郑士良、尤列、程璧光等人在广州南园抗风轩聚会，提议创设兴中会，以"驱除鞑虏、恢复华夏"为宗旨。从这时起，孙中山开始着手一项比"医人"更重要的工作——"医国"。

1894 年 6 月，孙中山北上津门，上书李鸿章，提出以西方国家为楷模，实行改革，使国家达到独立富强的目的。由于上书遭拒，更受到甲午中日战争惨败的刺激，孙中山放弃对清政府的幻想，决心以革命手段推翻清政府。1894 年 10 月和 11 月，《万国公报》分两次刊登了孙中山的《上李鸿章书》。

　　1894 年 11 月，孙中山在檀香山华侨中创建革命团体兴中会，在入会誓词中提出"驱除鞑虏，恢复中国，创立合众政府"，第一次向中国人民提出推翻清朝政府、建立共和国的革命主张。图为檀香山兴中会首批会员秘密宣誓地——李昌宅。

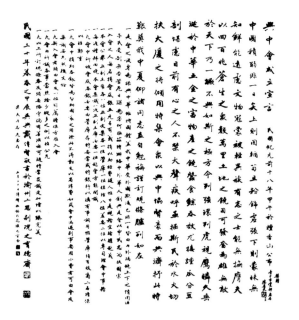

孙中山撰写的《檀香山兴中会成立宣言》

孙中山在檀香山茂宜岛宣传革命的旧址

　　1895年2月21日，孙中山在香港中环士丹顿街13号成立兴中会总部，以"乾亨行"为掩护。香港兴中会总部的成立，标志着以孙中山为首的革命民主派建立起了第一个能够采取革命实际行动的战斗核心。图为"乾亨行"旧址。

　　1895 年 10 月，孙中山、陆皓东等在广州策划举行武装起义，因消息泄露，未及发难即告失败，陆皓东被捕后英勇牺牲。清政府悬赏缉拿孙中山等革命党人，孙中山被迫流亡海外。图为兴中会在广州策划起义的秘密据点——双门底王氏书舍。

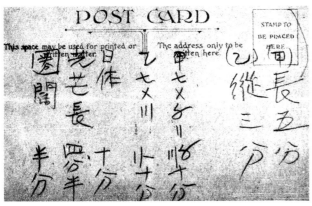

上图：广州起义失败后惨遭杀害的陆皓东，被孙中山赞誉为"中国有史以来为共和革命牺牲者之第一人"。

左图：由陆皓东设计、孙中山手绘的青天白日旗图及说明文字。

康德黎

1896 年 10 月，孙中山在伦敦遭到清驻英公使馆人员绑架，被非法囚禁在使馆内达 13 天。清使馆企图秘密押解他回国杀害。孙中山在香港西医书院读书时的老师、英国人詹姆斯·康德黎（James Cantlie）闻讯后，多方奔走营救。在强大舆论压力和英国政府出面干涉下，清使馆被迫释放了孙中山。这是囚禁孙中山的清政府驻英公使馆三楼房间的外观。

右图：孙中山被囚禁时写给康德黎的求救信。

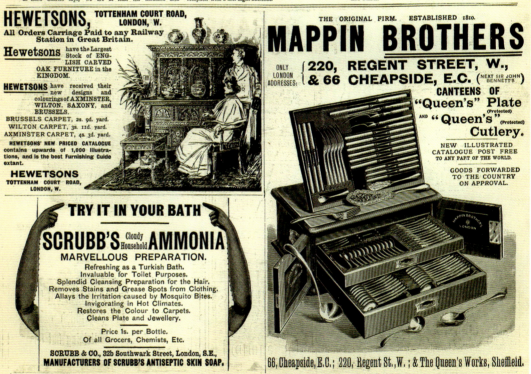

　　1896年10月31日，英国《图画报》（The Graphic）关于孙中山被释放的图文报道，标题为：孙中山案。这是孙中山第一次被西方媒体关注。图片有一张，是孙中山肖像的木刻版画，这是孙中山在西方媒体中最早的形象。

　　1897年春，孙中山用英文写成的《伦敦蒙难记》一书出版，英国各大报纸予以刊登和介绍。从此，"大革命家孙逸仙"名扬天下。左下图为《伦敦蒙难记》中译本，1912年由上海商务印书馆翻译出版。

1900年震动全国的北方义和团运动，给革命派在南方起义提供了机会。6月，孙中山在由日本抵香港的船上，与陈少白、郑士良、史坚如等商讨武装起义事宜。这是当年的孙中山。

1900年10月6日，郑士良率会党600余人在惠州三洲田起义，起义军在血战半月之后，弹尽援绝，被迫解散，起义失败。图为担任惠州起义总指挥的郑士良。

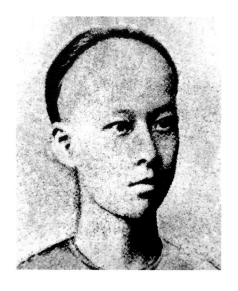

史坚如为策应惠州起义，在广州谋炸两广总督德寿，事败遇难。孙中山赞誉史坚如是"为共和革命而殉难之第二健将"。

1900 年 9 月，孙中山经日本首次赴台，坐镇指挥广东惠州起义，进行起义的联络、支援活动。此次孙中山在台停留 40 余天，是他一生中在台湾革命活动最长的一段时间。图为台北指挥所旧址。

　　孙中山在极为艰苦的条件下辗转奔波，为革命事业殚精竭虑。他抱着"革命党人必须为民众而忍受一切苦难"的信念，为促成和迎接革命高潮的到来而奋斗。这是1901年4月，孙中山自日本横滨赴檀香山与家人团聚。中坐者为孙母杨太夫人，后排左起：月红（侍女）、孙眉夫人谭氏、义侄细威、长兄孙眉、孙中山、夫人卢慕贞、义女孙顺霞（孙眉养女）、新兰（侍女）；前排三个小孩是孙中山子女，左起：孙科、孙婉、孙娫。

陈天华

邹　容

章太炎

　　大批革命书籍和报刊的出版，促进了民主革命思潮的传播。邹容所著《革命军》一书，宣传推翻清政府、反对外国侵略和主张建立独立自主的"中华共和国"的思想。陈天华所著《猛回头》《警世钟》两书，揭露列强的野蛮侵略，指斥清政府卖国行为，倡言革命。这些革命书籍被广泛翻印流传，影响很大。

　　1903 年 6 月，上海《苏报》刊登介绍邹容《革命军》和章太炎驳斥康有为保皇政见的文章，鼓吹革命。清政府串通上海租界工部局进行查封，章太炎等人被捕入狱。邹容在狱中受尽折磨，含冤而死，年仅 20 岁。这就是轰动一时的"苏报案"。

1904年2月15日，华兴会在长沙召开成立大会，推举黄兴为会长，宋教仁、刘揆一为副会长。华兴会提出"驱除鞑虏，复兴中华"的革命口号。华兴会成立后，曾联系会党洪江会领袖马福益，密谋在长沙组织反清起义，后事泄失败，黄兴避难日本。上图为1904年冬流亡日本的部分华兴会成员合影，前排左一黄兴、左三胡瑛、左四宋教仁，后排左一章士钊、右一刘揆一。

1904年7月3日，湖北革命志士张难先、胡瑛等以"研究科学"为掩护，在武昌发起成立湖北第一个革命团体"科学补习所"，举吕大森为所长。成员多投入新军做革命宣传与组织工作。因受华兴会事败牵连，被迫停止活动。1906年2月，重新组织革命团体，取名"日知会"。左图为科学补习所章程。

補習所章程（湖北武昌省城獵馬廠口宜昌招待所內）

●一　定名

學界同志於正課畢時思補習未完之課故名補習所

●二　宗旨

集各省同志取長補短以期知識發達無不完全

●三　職員

（甲）總理一員總庶務大綱

（乙）庶務幹事二員　經理一切庶務

（丙）補習教員六員　就同人中選擇學問優長者充當義務教員值星期輪流為同人講習功課

（丁）會計幹事一員管理出入度支

（戊）書記幹事一員　掌往來信件書稿等事

1904年10月，光复会在上海成立，蔡元培任会长，徐锡麟、秋瑾、陶成章等都是光复会的领导骨干。光复会在会党、新军、学生、教师中发展自己的势力，积极活动于苏、浙、皖一带。左图为会长蔡元培和光复会入会誓词。右图为1905年光复会会员徐锡麟（右一）、陶成章（前左一）等在日本合影。

同期，各地还相继成立了其他一些革命团体。图为担任岳王会会长的陈独秀。

驅除韃虜　恢復中華
創立民國　平均地權
孫文

民報　第壹號
民報　第貳號

發刊詞
孫文

　　1905年8月，孙中山在日本东京联合兴中会、华兴会、光复会等革命团体成员和留日学生中的积极分子，建立全国性统一的革命政党——中国同盟会，提出"驱除鞑虏，恢复中华，创立民国，平均地权"的政治纲领。

　　大会推举孙中山为总理，黄兴为执行部庶务（日常工作负责人）。在东京设立总部，在总理之下设立执行、评议、司法三部。国内设东、西、南、北、中五个支部，支部下按省设分会；国外设南洋、欧洲、美洲、檀香山四个支部。将《二十世纪之支那》杂志改刊为《民报》，作为同盟会总部的机关报。

　　同盟会的成立使分散的革命力量从此有了统一的组织，标志着近代中国的民族民主革命进入了一个新阶段。孙中山说："及乙巳之秋，集合全国之英俊而成立革命同盟会于东京之日，吾始信革命大业可及身而成矣。"

第三部分：武昌首义

　　同盟会成立后，革命党人进行广泛的革命宣传和鼓动工作，并积极联络会党和新军，组织和发动了一系列武装起义，扩大革命影响，促进了革命高潮的到来。随着革命形势的成熟，湖北新军中的共进会和文学社两个革命团体联合行动，在武昌举行武装起义。1911年10月10日晚，驻武昌的新军工程第八营的革命党人打响了起义的第一枪。

民報第三號號外

民報與新民叢報辨駁之綱領

近日新民叢報將本年開明專制論中論種族革命與政治革命之得失諸合刊爲中國存亡一大問題然使如新民叢報所云則可以立亡中國故自第四期以下分類辨駁期與我國民解決此大問題茲先將辨論之綱領開列下以告讀者

一 民報主共和新民叢報主專制。
二 民報望國民以民權立憲新民叢報望政府以開明專制。
三 民報以政府惡劣故望國民之革命新民叢報以國民惡劣故望政府以專制。
四 民報望國民以民權立憲故鼓吹教育與革命以求達其目的新民叢報望政府以開明專制不知如何方副其希望
五 民報主張政治革命同時主張種族革命新民叢報主張政府開明專制同時主張政治革命。
六 民報以爲國民革命自顧覆專制而觀則爲政治革命自驅除羅凡而觀則爲種族革命新民叢報以爲種族革命與政治革命不能相容。
七 民報以爲政治革命必須實力新民叢報以爲政治革命祇須要求。
八 民報以爲革命事業專主實力不取要求新民叢報以爲要求不遂繼以懲警。
九 新民叢報以爲懲警之法在不納租稅與暗殺民報以爲不納租稅與暗殺不過革命實力之一端革命須有全副事業。
十 新民叢報詆毀革命而鼓吹虛無黨民報以爲凡虛無黨皆以革命爲宗旨非值以刺客爲事。
十一 民報以爲革命所以求共和新民叢報以爲革命反以得專制。
十二 民報鑒於世界前途知社會問題心須解決故提倡社會主義新民叢報以爲社會主義不過煽動乞丐流民之具。

以上十二條皆辨論之網領民報第四號刊日出版其中數條皆已解決五號以下接連闡駁願我國民平心公決之。

日本明治三十九年四月二十八日發行
日本明治三十八年十一月二十五日第三種郵便物認可

編輯人兼　張繼
發行人　宋教仁
印刷人　求　節

日本東京市牛込區新小川町二丁目八番地
印刷所　明文舍印刷所

日本東京市牛込區新小川町二丁目八番地
發行所　民報社發兌

中國東京市四谷區

同盟会成立后，围绕推动中国要不要革命的问题，革命派与改良派分别以《民报》和《新民丛报》为主要阵地，展开了一场大论战。通过论战，划清了革命与改良的界限，传播了民主革命思想，促进了革命形势的发展。上图为《民报》号外刊登的《〈民报〉与〈新民丛报〉辨驳之纲领》。

面对空前严峻的形势，为缓解统治危机，1901 年 1 月，清政府宣布推行"新政"，在军事、政治、经济、文教等方面实施改革政策。右图为操练中的湖北新军。

张 謇

袁世凯

张之洞

　　就在革命风潮日益高涨的同时，朝野当中，要求朝廷实行立宪的呼声也声势渐壮。张謇即为立宪派的代表人物。1903 年他从日本考察回国后，积极倡导和投身立宪运动。

　　1905 年 7 月，直隶总督袁世凯、两江总督周馥、湖广总督张之洞联衔上奏，请定十二年后实行宪政，并奏请简派亲贵大臣分赴各国考察政治。上奏后不到十天，朝廷即发出谕旨，拟派载泽、端方等分赴东西洋考察。

1905年9月24日，出洋五大臣在北京正阳门车站起行。就在这天，发生革命党人吴樾刺杀五大臣事件。因火车晃动，炸弹提前爆炸，五大臣中载泽、绍英受轻伤，吴樾当时死难。

出洋五大臣改于当年12月再次起行，于1906年8月回国。五大臣向朝廷密陈立宪的三大好处：皇位永固、外患渐轻、内乱可弭。主张诏定国是，仿行宪政，而"实行之期，原可宽定年限"。下图为赴欧洲考察大臣及随员在罗马的合影（前排右五为端方）。

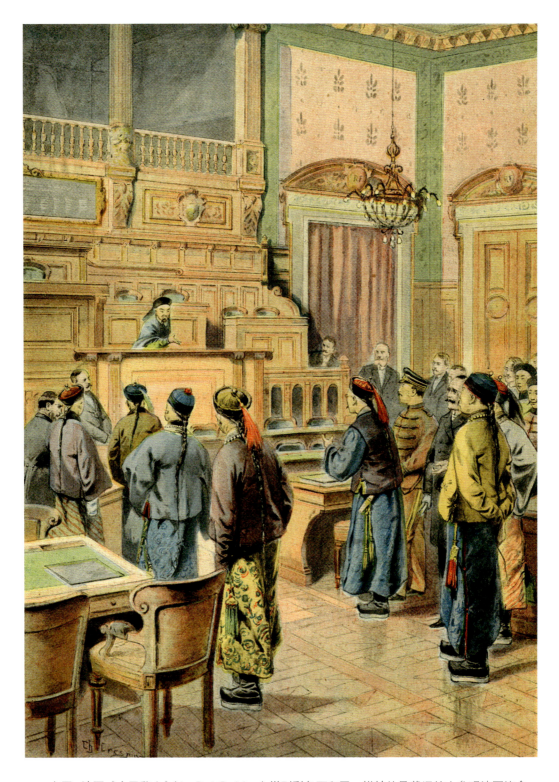

上图：法国《小巴黎人》（Le Petit Parisien）增刊彩色石印画，描绘的是载泽等人参观法国议会。

右页：法国《小报》（Le Petit Journal）增刊彩色石印画，原图说：向中国人介绍欧洲的着装礼仪，议会变成了试衣间。

法国《小报》（Le Petit Journal）增刊彩色石印画，描绘的是中国人在自己的土地上，第一次看到飞机，一些人十分惊恐，而外国人则在马上挥手致意。

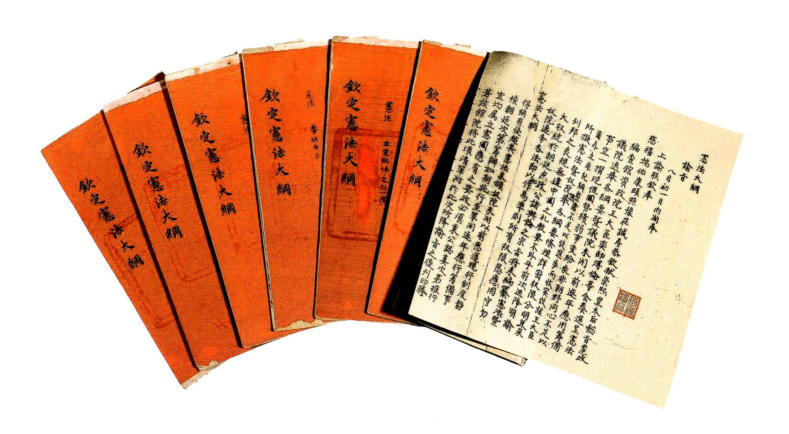

　　1906 年 9 月 1 日，清政府发布《预备仿行宪政》上谕。为敦促早日实现立宪，立宪派创办报刊、设立社团，发起请愿运动，推动预备立宪进程。

　　1908 年 8 月，清政府颁布《钦定宪法大纲》和《议院选举法要领》，决定以 9 年为立宪的预备期限，期满召开国会。《钦定宪法大纲》规定"大清皇帝统治大清帝国，万世一系，永永尊戴"，"君上神圣尊严，不可侵犯"。在"臣民权力义务"的规定中，除了当兵、纳税外，人民几乎没有任何真正权力，甚至连"国民"的字样也没有。立宪派对此很为不满。

　　1908 年 11 月，光绪帝和慈禧太后相继去世，3 岁的溥仪继承皇位，改元宣统。其父载沣为摄政王。载沣借立宪之名，行皇族集权之实，借袁世凯有脚疾将其开缺回籍，皇室成员控制了军政大权。图为载沣与溥仪（右）、溥杰（怀抱婴儿）的合影。

1909 年 10 月，张謇发表《请速开国会建设责任内阁以图补救书》，指出清廷若不速开国会，就会众叛亲离，前途危险。1910年，立宪派连续组织发起三次国会请愿活动，要求清政府速开国会。图为第二次请愿代表合影。

在立宪派的压力和革命党人频繁活动的情况下，清政府宣布缩短预备立宪期，定于 1911 年成立新内阁，1913 年召开国会。1910 年 9 月，资政院在北京正式成立。

CHINA'S MIMICRY OF THE WEST: HER ANSWER

A MANCHU ARCHER
A type of soldier that has only recently disappeared.

GEN. FONG CHANG
Commanding a Division
of the Chinese Army.

AN OFFICIAL OF THE NEW RÉGIME
Fuan Fang.

MEMBERS OF HIS IMPERIAL MAJESTY'S CHINESE OFFICIAL
Left to right : Ying Chong, President of the Ministry of War ; Tsai Pu, second son of Prince Ching ; Princes
of the Prince Regent ; Duke Yu Ling, Prince Pu, and Tam Heao Heng, Vice-Pres

A SINGING GIRL
On the way to a tea-house.

THE MAIN STREET AT TSINGTAU, IN GERMAN CHINA
Where two battalions of foreign-drilled troops have mutinied.

BUILDING THE CHINESE NATIONAL PARLIAMENT AT PEKING: THE LARGEST HO
China was promised a National Parliament in 1917, but in response to an urgent demand she is now to have one in 1913. The huge b

THE RECENT FLOODS : A PARTIALLY DESTROYED VILLAGE NEAR NANKING
Two-thirds of Central China was flooded last month, and millions of people brought face to face with starvation.

MODERN CHINA: THE RUSH FOR THE TRAIN   TRAM LINES AND AN IRON BRIDGE AT SHANGHAI

TO SATISFY CHINA'S DEMAND FOR PARLIAMENTARY GOVERNMENT: ANOTHER VIEW OF THE

The rising in China, which has for its object the overthrow of the Manchu dynasty and the establishment of a Republic, is the most formidable   Wuchang, torn
since the Taiping rebellion fifty years ago. The rebels have captured the chief towns in the basin of the Yangtse, proclaimed the Republic at   troops, led by L

THE METHODS OF THE MANCHUS

and Tsao Tao, three brothers

THE STRONG MAN OF CHINA
Yuan Shi Kai, ex-Viceroy of Chi-li, sent to quell the rebellion at Wuchang.

GEN YING CHANG
Leader of the Imperial troops against the rebels.

PRINCE TSAI ON THE MANŒUVRE GROUND
The Prince was at the head of the mission sent to Europe to study modern military conditions.

...MBLY IN THE WORLD
...be 1,000 feet high, is being erected by a German firm

LEGATION STREET, PEKING
Showing how the town has become Europeanised since the Boxer rising.

A MAIL-CARRIER
Of the Imperial Chinese Post.

THE RECENT FLOODS: A SCENE AT A STATION ON THE HANKOW RAILWAY
The floods were the most serious China has ever known, and had much to do in causing the present discontent.

...T HOUSE IN COURSE OF ERECTION

THE UP-TO-DATE ELECTRIC TRAM AT SHANGHAI

THE NEW WOMAN : A MASSAGE ESTABLISHMENT

...miles of the Peking-Hankow Railway, and massacred 800 Manchus at Wuchang. They have 25,000 splendidly organised
...ng, a soldier, and one of the ablest members of the movement. All now depends on the loyalty of the Peking troops.

1911 年 10 月 21 日，英国《图画报》（The Graphic）增刊关于清末立宪的图文报道，标题为《中国对西方的模仿——满清政府的回应方式》。图片有 19 张，从左至右、从上至下分别是射箭的清军骑兵；新军第一镇统制凤山；端方；宗社党成员；袁世凯；荫昌；正在阅兵的载涛；前往茶馆路上的卖唱姑娘；青岛德国租界的主要街道；营建中的国会大厦；北京的使馆街；大清邮差；南京附近被洪水淹没的乡村；中国拥挤的火车；上海正通过铁桥的有轨电车；从另一角度看营建中的国会大厦；上海的有轨电车；一间女性经营的按摩院。

　　1911 年 5 月，清政府成立以庆亲王奕劻为总理大臣的皇族内阁。13 位国务大臣中，满族占 9 人，其中 7 人是皇族成员。皇族内阁的产生，标志着立宪派奔走呼吁多年的君主立宪成为泡影。立宪派发动的第四次请愿活动也在清政府高压下失败。一部分立宪派人士开始向革命派靠拢。图为清廷 "皇族内阁" 合影，前排中为内阁总理大臣奕劻。

在思想论战的同时，同盟会积极联络会党和新军，在国内组织发动了一系列武装起义，较大的起义有：湘赣边界萍浏醴起义、广东潮州黄冈起义、惠州七女湖起义、钦廉防城起义、广西镇南关起义、钦州马笃山起义、云南河口起义。上图为潮州黄冈起义军誓师出发的情形。

左图：1907 年，钦廉防城起义时，报纸上关于清廷震惊的电文。

○本報特電
○清廷震驚革命黨

十六午後二時北京特派員發

清廷因西撫張鳴歧電稱此次防城會黨實爲革命黨，旗幟有革命排滿字樣、大爲震恐。故復電嚴限粤督桂撫、各派重兵尅日蕩平、以遏亂萌

1908 年 3 月，黄兴受命担任中华国民军南军总司令，指挥钦州起义。

　　图中描绘的是 1907 年 12 月 4 日孙中山、黄兴等在镇南关前线指挥作战的情形。清军来攻，孙中山亲自发炮还击。他感慨说："反对清廷二十余年，此日始得亲发炮击清军耳！"这是孙中山在十次起义中首次也是唯一的一次亲身参战，极大鼓舞了革命军的士气。

徐锡麟

秋　瑾

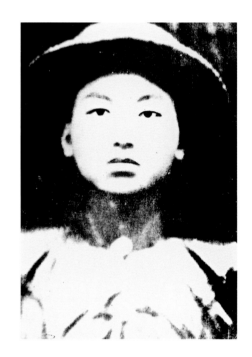

倪映典

当同盟会在西南边境起义时，光复会也在安庆举行起义。1907 年 7 月，光复会领导人徐锡麟刺杀安徽巡抚恩铭，率领警察学堂学生起义，遭清军围剿，徐锡麟被捕后慷慨就义。女革命家秋瑾因叛徒告密，在浙江绍兴大通学堂被捕、牺牲。

1909 年，受孙中山委托，黄兴等在香港设立同盟会南方支部，在广州新军中发展革命力量。1910 年 2 月，革命党人倪映典率新军起义，分几路进攻广州城。倪映典中敌计，惨遭杀害，起义失败。这是孙中山领导的第九次起义。

广州"三二九"起义总指挥部旧址

就义前的温生才烈士

起义军进攻两广总督署时的情形

　　1911年4月27日,孙中山策划在广州举行第十次武装反清斗争,即"辛亥广州三月二十九日之役"。这就是著名的"黄花岗起义"。起义原定4月13日举行,因从马来亚来的同盟会会员温生才刺死署理广州将军孚琦事件而延期。

　　4月27日下午5时30分,黄兴亲率120余人"选锋",勇猛进攻两广总督署,两广总署张鸣岐逃走。黄兴等放火焚烧总督署,并与清军展开激烈巷战。

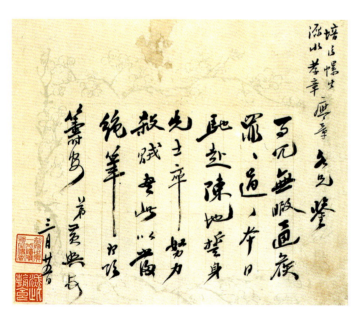

因其余三路队伍未能按时策应，黄兴孤军奋战，终因寡不敌众，伤亡太大，起义失败。喻培伦、方声洞、林觉民等86人战死或被捕后牺牲。

上图：起义失败后，被捕的革命党人就义前的留影。

左图：发动起义当天，黄兴给战友留下绝笔："本日驰赴阵地，誓身先士卒，努力杀贼。书此以当绝笔。"

　　未暴露身份的同盟会会员潘达微通过广善堂出面，收殓烈士遗骸 72 具，葬于广州白云山南麓红花岗，改红花岗为黄花岗。黄花岗起义是同盟会发动的武装起义中规模较大、牺牲最为惨烈的一次。孙中山因而扼腕叹息："吾党菁华，付之一炬。"他在《〈黄花岗烈士事略〉序》中写道："是役也，碧血横飞，浩气四塞，草木为之含悲，风云因而变色。全国久蛰之人心，乃大兴奋。怨愤所积，如怒涛排壑，不可遏抑，不半载而武昌之革命以成。则斯役之价值，直可惊天地，泣鬼神，与武昌革命之役并寿。"图为 1937 年春修竣的广州黄花岗七十二烈士墓园。

　　孙中山称"华侨为革命之母"。海外华侨在孙中山领导的中国民主革命中作出了重要贡献。孙中山回顾起义历史时说:"慷慨助饷,多为华侨。"为了推翻帝制,建立富强民主的国家,有的侨胞捐出毕生积蓄以购买革命党发行的债券,有的华侨富商毁家纾难,倾家荡产为革命提供经费。这些源源不断的捐助,为革命党组织的历次起义、四处奔走开展革命活动、创办宣传刊物提供了重要的经济保障。图为1907年,孙中山兄长孙眉亲笔签署的捐款收据。

　　"中华民国金币券"是1911年5月由美国旧金山"中华革命军筹饷局"为推翻清朝政府,筹集粮饷、军械和活动经费而发放的革命军筹饷券。由于爱国华侨积极认购,仅三个月的时间,捐募总额达14.413万美金。很多华侨为表爱国之心,申明将来不需偿还,更有将金币券当面焚毁者。

新加坡晚晴园是孙中山在南洋领导革命的重要指挥中心和大本营。这所房子本是新加坡华侨张永福买下侍奉母亲养老的，1906 年孙中山来到新加坡，张永福征得母亲同意，贡献出来用于革命。

方声洞，曾担任中国留学生总代表、同乡会议事部长、同盟会福建支部长等职。广州起义中，随黄兴攻入督署，后转攻督练公所时中弹牺牲。

林觉民，在日本留学时加入同盟会。1911年4月24日，在香港给父亲及妻子写下绝命书，"为国牺牲百死而不辞"，表达了对亲人的爱和为国捐躯的决心。被俘后从容就义。

喻培伦，在日本留学时加入同盟会。为研制炸弹不慎炸毁一手，人称"炸弹大王"。广州起义时以炸弹为武器，弹尽力竭后被俘牺牲。

余东雄，马来亚华侨。牺牲时年仅18岁。

黄鹤鸣，新加坡华侨。变卖自己所有的机器和工厂，回国参加起义。中弹牺牲。

郭继枚，马来亚华侨。新婚三天即回国参加起义。因弹尽援绝，惨遭杀害。

　　海外华侨不仅慷慨解囊，大力支持革命，不少人还身赴前敌，参加国内的起义斗争。孙中山领导的粤、桂、滇起义，无役不有华侨参加。黄花岗七十二烈士，有三分之一是华侨和留学生。图为在广州起义中牺牲的部分华侨和留学生。

徐松根，越南华侨。负伤被捕就义，时年28岁。

李晚，吉隆坡华侨。在攻打总督署激战中牺牲。

李炳辉，新加坡华侨。参加起义前给母亲写信，内附诗云："回道二十年前事，此日呱呱堕地时。惭愧劬劳恩未报，只缘报国误为私。"表达为救国不惜贡献年轻的生命和牺牲家庭幸福。

李雁南，缅甸华侨。就义前仍慷慨陈词："可恨我现在身中两枪，不能复战。"

罗联，越南华侨。临刑前仍高呼："中国非革命不能救亡，望后起者努力前进。"

罗仲霍，马来亚华侨。参加攻打都署时误入旗人街被捕遇害。临刑前犹在南海县署演说革命宗旨，视死如归。

随着"预备立宪"的破产，国内各种社会矛盾迅速激化，各种形式的反帝反封斗争趋向高潮。1910 年 4 月，湖南掀起抢米风潮。5 月，山东莱阳爆发大规模的抗捐抗税斗争。1910 年遍布全国的群众斗争达到 290 次之多。图为长沙饥民暴动图。

保路运动成为引发推翻清王朝武装暴动的导火索。1911 年 5 月，清政府宣布"铁路干线国有政策"，将粤汉、川汉铁路修筑权卖给帝国主义列强。湘、鄂、粤、川四省，掀起了轰轰烈烈的保路风潮。四川保路运动尤为波澜壮阔。

川汉铁路股票

四川保路同志会会长蒲殿俊

机关报《四川保路同志会报告》

四川总督赵尔丰。1911年9月，保路风潮扩展为全省抗粮抗捐，群众暴动接连发生。赵尔丰在成都逮捕保路同志会和川路股东会的负责人，并枪杀请愿群众数十人，酿成震惊全国的"成都血案"。右图描绘的正是开枪镇压请愿群众的情形。

左图：被捕入狱的保路运动领导人张澜，时为川汉铁路股东大会副会长。

中图：龙鸣剑。同盟会会员龙鸣剑等和哥老会组成保路同志军进围成都，转战各地，攻城夺地，猛烈冲击清政府在四川的统治。

右图：吴玉章。1911年9月25日，同盟会会员吴玉章在荣县宣布独立，建立全国第一个县级革命政权。

　　保路运动的迅速发展，清政府惊慌失措，急令粤汉、川汉铁路大臣端方率鄂军入川镇压。不久，武昌首义的枪声就打响了。图为端方出发前所摄。

在保路运动的推动下，湖北的革命团体文学社和共进会加紧进行武装起义的准备工作。1911年9月24日，文学社与共进会在武昌召开由双方负责人和新军代表60余人参加的联合代表大会，会上组建了起义的领导机构——起义总指挥部。起义时间定为1911年10月6日（中秋节），后因准备不足，延至10月11日（农历八月二十日）。图为召开联合大会的武昌胭脂巷11号胡祖舜寓所。

蒋翊武，文学社负责人，被推举为军事总指挥。

孙武，共进会负责人，被推举为参谋长。

刘公，共进会负责人，被推举为军政府总理。

上图：武昌小朝街 85 号文学社机关，起义总指挥部设于此。

右上图：汉口俄租界宝善里 14 号，起义政治筹备处设于此。1911 年 10 月 9 日，孙武等人在此秘密配制炸弹，不慎爆炸，孙武负伤逃避。

右下图：1912 年，文学社、共进社成员在"宝善里炸弹案"发生地留影。

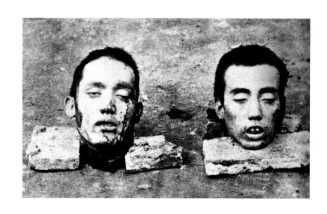

彭楚藩与刘复基烈士

汉口俄租界巡捕房。"宝善里炸弹案"发生后，俄国巡捕闻声前来搜查，搜出起义文告、印信、旗帜等，并逮捕多人。

杨宏胜烈士

湖广总督瑞澂下令全城戒严，搜捕革命党人。蒋翊武等人商议，决定当晚 12 时发动起义，以南湖炮队发炮为号，各标营闻声响应。但因南湖炮队未及时接到通知，起义没能按时进行。清廷军警破获起义指挥部及多处秘密机关，彭楚藩、刘复基、杨宏胜等被捕。1911 年 10 月 10 日凌晨，三人英勇就义，史称"首义三烈士"。

湖北新军第八镇工程第八营营房旧址。1911年10月10日晚8时许，武昌首义的枪声在这里打响。当晚，第八营革命党人总代表熊秉坤等首先发难。

当时，仇视革命的第二排排长陶启胜率领护兵巡棚查哨，与士兵金兆龙、程正瀛等发生冲突。陶命令护兵逮捕二人。金大声呼喊："再不动手，更待何时？"程正瀛当即举枪，猛击陶的脑袋，陶负痛逃跑，程正瀛追上去开枪，"砰"的一声，打响了武昌首义的第一枪。

熊秉坤

吴兆麟

吴兆麟、熊秉坤率起义部队向湖广总督府发起进攻。在南湖炮队的炮击下，起义军于黎明前占领总督衙门。瑞澂弃城逃走。图为被起义军炮火摧毁的总督署。

在全营被革命士兵控制后，熊秉坤率起义士兵迅速攻占楚望台军械库夺取弹药，军械库中革命士兵响应起义。起义军攻占楚望台军械库后，推举参加过日知会、担任工八营左队队官的吴兆麟为临时总指挥。图为起义军占领楚望台军械库的情景。

武昌中和门。武昌起义胜利后，湖北革命党人将中和门改名为起义门。

经过一夜浴血鏖战，武昌全城光复。至12日，汉阳、汉口的新军也先后发动起义，武汉三镇全部为革命军控制。图为1911年11月4日英国《伦敦新闻画报》（The Illustrated London News）关于武昌起义初期革命形势的图文报道，标题为《被占领的汉阳兵工厂和汉阳铁厂》。图片自上而下分别是俯瞰汉阳铁厂；孙中山肖像；从龟山远眺武昌。

THE CITY OF THE CAPTURED ARSENAL AND IRON-WORKS: HANYANG.

PHOTOGRAPHS BY DR. THOMSON AND TOPICAL.

1. IN THE HANDS OF THE REVO-
LUTIONISTS: THE HANYANG IRON
AND STEEL WORKS.

2. ONCE A PRISONER IN THE CHINESE LEGATION IN LONDON;
NOW "NAMED" AS FIRST PRESIDENT OF THE CHINESE
REPUBLIC: DR. SUN YAT SEN.

3. A CITY CAPTURED BY THE REVOLUTIONISTS: HANYANG
FROM THE FOOT OF TORTOISE HILL—ON THE OPPO-
SITE SIDE OF THE RIVER, WUCHANG.

It was reported last week that double shifts were being worked at the arsenal at Hanyang, one of the cities taken by the revolutionists, and that 25,000 rounds of ammunition were being turned out daily; while there were 140 field-guns ready for action. The revolutionists also, it is said, captured the Mint, with 2,000,000 taels. Hanyang gains its chief importance mainly from the arsenal already mentioned and the iron-works. Dr. Sun Yat Sen, who has been "named" as certain to be President of the first Chinese republic should the revolutionists be successful, has had a most remarkable career; but, as he is in the United States at the moment, it is obvious that he cannot be taking the all-prominent part in the present revolution which is generally assigned to him. He is best known in England from the fact that on October 11, 1896, when he was "wanted" for his part in a conspiracy in China, he was enticed into the Chinese Legation in London by a fellow-country-man, and there kept prisoner. He contrived to throw a message out of his window, and this reached his friend, Dr. James Cantlie, the well-known surgeon, with the result that such steps were taken that Sun Yat Sen was set free after twelve days' imprisonment.

1911 年 10 月 11 日，革命党人在武昌宣告中华民国湖北军政府成立。

第二十一混成协统领黎元洪，被推
举为湖北军政府都督。

示府政军

照得保卫迫遄　首在除暴安良
流氓乘机抢掠　最为扰害地安
警察严密巡逻　文明法律彰彰
兼派巡防各队　保护医院教堂
地方不扰秋毫　商民毋得惊惶
讯明匪类捨劫　即以军律主张
从此洗心革面　汉族急图自强
深望家喻户晓　其各凛遵毋忘

黄帝纪元四千六百零九年八月九日

军政府成立后，立即
宣布改国号为中华民国，废
除清朝宣统年号，改用黄帝
纪元，改宣统三年为黄帝纪
元 4609 年。在陆续发布的
公文、布告中，宣布废除厘
金、统捐等苛捐杂税。实行
司法独立、保护工商业、革
除社会陋习等政策。

革命军在汉口租界巡行

1911 年 11 月 9 日，鄂军都督府颁布由革命党人宋教仁主持制定的《中华民国鄂州临时约法草案》。这是中国第一部具有近代民主性质的法律文献。

　　1911 年 10 月 29 日，法国《小报》（Le Petit Journal）增刊彩色石印画，原图说：发生在中国的叛乱——军队的演变。画家通过外国人眼中的清廷军队和革命军的军服对比，来反映中国的时代更替。

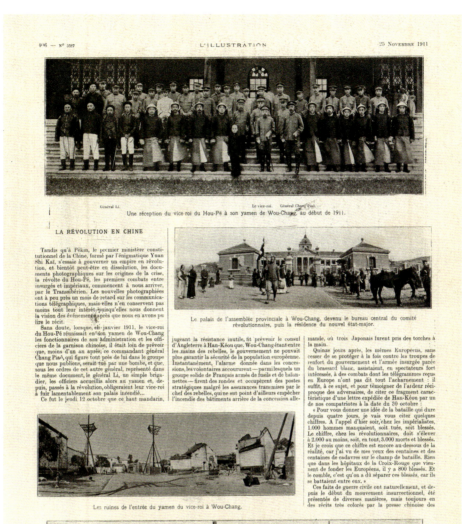

　　1911 年 11 月 25 日，法国《画报》（L'ILLUSTRATION）关于辛亥革命的报道，标题为《中国的革命》。图片共四张，从上至下分别为革命前鄂军都督府官员合影，其中前排右数第八人为湖广总督瑞澂，第七人为陆军第八镇统制张彪，左数第三人为黎元洪；被烧之前的湖北谘议局全景；被烧毁的湖广总督府；毁于大火的汉口城。

湖北军政府成立后，随即以起义士兵为骨干，扩编革命军，准备迎击南下清军。图为湖北谘议局大楼和正在训练的革命军新兵。

驻扎在长江边的湖北新军
第二十一混成协第四十一标第三
营。起义爆发后该营很快加入革
命军。

准备赴战的一群新兵

在执行任务的清军侦察兵

1911年10月12日，清廷谕令将瑞澂革职，命陆军大臣荫昌、海军提督萨镇冰率水陆两军前往湖北镇压起义军，武汉保卫战展开。图为清军乘坐火车沿京汉铁路南下。

临战前的汉口码头

1911 年 10 月 18 日，革命军率先向盘踞在刘家庙一带的清军发起进攻。在十余天的时间内革命军与清军在汉口以北铁路线上展开了激烈的拉锯战。图为准备开炮的革命军。

上图：革命军在十公里外占据壕沟。

下图：1911年10月28日，同盟会领袖黄兴抵达汉口，担任战时总司令，指挥革命军在汉口与清军展开激战。

清军炮兵。清军装备的克虏伯野战炮，具有更远的射程和精度。

1911 年 10 月 30 日，清 军第一军总统冯国璋命令所部放火焚烧房舍，汉口繁华市区顿成火海。在大火逼迫下，革命军节节败退。11 月 1 日，汉口失守。11月 3 日，黄兴在汉阳古琴台设立总司令部，指挥保卫汉阳的战斗。最终因力量悬殊，11 月 27日，起义军被迫退出汉阳，汉阳失守。

日本驻汉口领事馆工作人员在屋顶上观看战事

大火之后的汉口

汉口被俘的革命军遭到处决，横尸遍野，情景极其悲惨，这是为建立共和政体牺牲的革命烈士。

在武汉保卫战中阵亡的革命军士兵

张竹君，广东番禺人。光绪二十五年 (1899 年) 毕业于广州博济医院医科班（中山医学院前身）。创办南福医院和褆福医院，任院长，开国内女界创办医院之先。武昌起义爆发后，在沪组织红十字会救护队，掩护黄兴等抵达武汉，并在汉口、汉阳设立临时野战医院，开展战地救护工作。

下图：受伤的革命军被抬下战场。除了上海来的红十字会成员和在汉洋商组织的救助队，还有许多百姓自愿加入到救助革命军伤兵的队伍。

N° 372 LE NUMÉRO QUOTIDIEN **10** Cent. — Étranger : **20** Cent. ★ MERCREDI 22 NOVEMBRE 1911

·EXCELSIOR·
Journal Illustré Quotidien

Directeur : Pierre LAFITTE Informations - Littérature - Sciences - Arts - Sports - Théâtres - Élégances 98, Champs-Élysées, PARIS

LA CHINE EST EN PROIE AUX PIRES HOSTILITÉS

A HANKEOU. — LES EFFETS DE LA LUTTE. — EN ROUTE VERS LE COMBAT

Les nouvelles de Chine sont très graves. La lutte entre impériaux et révolutionnaires se poursuit avec un acharnement intense, et, de part et d'autre, on compte de grosses pertes. Sur tout tantes, et toute la ville, depuis des semaines déjà, le théâtre des soulèvements ne sont que ruines et désastre. A Hankeou particulièrement, les hostilités ont pris un caractère troublant; la situation des étrangers y est des plus inquiétantes, est désolée par les pires actes de guerre.

1. LA CONCESSION RUSSE EN FEU A HANKEOU (EXTRAIT DE L' « ILLUSTRATED LONDON NEWS »). — 2. LES TROUPES IMPÉRIALES, PRÈS DE HANKEOU, VONT COMBATTRE LES RÉVOLTÉS; CES MÊMES TROUPES FIRENT D'AILLEURS VOLTE-FACE ET SE JOIGNIRENT AUX ARMÉES REBELLES. — 3. LA CROIX-ROUGE S'APPRÊTE A ENLEVER LES CORPS DE QUARANTE-CINQ CHINOIS TUÉS DANS LA LUTTE (EXTRAIT DE L' « ILLUSTRATED LONDON NEWS » ET DU « DAILY GRAPHIC »).

　　武汉保卫战历时 40 余天，虽然汉口、汉阳相继被清军攻占，但它牵制了清军主力，有力地捍卫了新生的革命政权，为各省纷纷响应争取了宝贵的时间。图为 1911 年 11 月 22 日，法国《求精报》（Excelsior Journal Illustré Quotidien）关于辛亥革命的报道，标题为《中国正经历着最严重的敌对行动》。三张图片分别是燃烧的汉口城、正在渡江的清军、战死的革命军。

第四部分：各地响应

　　1911年9月3日，上海《时报》的一篇《时评》说："今日中国之乱机遍地皆是，如处火药库上，一触即发，其危象真不可思议。"一个多月后，这个"火药库"因武昌首义而"一触即发"。湖南、陕西率先响应，江西、山西、云南等三省也于月内宣告独立。50天内，共有14个省区脱离清朝统治。东三省及直、鲁、豫、新、甘各省虽起义响应未遂，但革命党人组织的多次起义及局部地区革命的胜利，加速了清王朝的崩溃。在祖国大陆革命胜利影响下，台湾人民举行了声势浩大的抗日斗争。

武昌首义，天下响应，革命风暴很快席卷全国。这是武昌起义后同盟会在日本印发的号召各省响应的传单。

　　1911 年 10 月 22 日，湖南革命党人焦达峰、陈作新发动会党和新军在长沙起义。成立中华民国湖南军政府，推举焦达峰、陈作新为正、副都督。湖南的光复稳固了武汉革命军的后方。湖南革命党人还派出军队支援武汉的战斗。图为起义军缴获的清军城防炮。

首任都督焦达峰。1911 年 10 月 31
日因梅馨兵变遇害。

副都督陈作新。与
焦达峰同日遇害。

继任都督、湖南立
宪派首领谭延闿。

　　1911 年 10 月 22 日，陕西同盟会会员井勿幕等联合会党、新军发动起义。25 日成立陕西军政府，推举张凤翙为秦陇复汉军大统领（后改称都督）。陕西革命军渡黄河攻入山西，切断了清政府与西北地区的联系，震动了北方各省。图为响应武昌起义的延安哥老会武装。

陕西都督张凤翙

井勿幕。在三原起兵策应西安起义，后任秦陇复汉军北路安抚招讨使。

江西都督马毓宝

1911 年 10 月 23 日，江西九江新军发动起义，次日建立九江军政分府，推举新军第二十七混成协第五十三标标统马毓宝为都督。10 月 31 日，驻南昌的新军兵士和陆军小学、测绘学堂的学生宣布起义，打开城门迎接新军入城。11 月 1 日，江西军政府成立。

后任江西都督李烈钧

这是 1909 年间，在江西九江设浔阳阅书报社训练商团，并从事革命宣传活动的同盟会会员林森（右一）、吴铁城（右二）等合影。

用装不忘 为
闫百川主任 题于辛亥革命时

造產救國
用誌不忘

1911 年 10 月 29 日，山西新军中的革命党人响应武昌起义，成立了山西军政府，推举出同盟会会员、暂编陆军第四十三协八十六标标统阎锡山为都督，同盟会会员、陆军小学堂监督温寿泉为副都督。图为辛亥革命时的太原城。

山西都督阎锡山

副都督温寿泉

　　1911 年 10 月 30 日重阳节，云南的同盟会会员联合新军第十九镇第三十七协协统蔡锷等发动起义，经过血战于 1 日占领昆明。成立云南都督府，举蔡锷为都督，同盟会会员、原云南讲武堂总办李根源为军政部长兼参议院长。图为云南新军驻地。

云南都督蔡锷

参议院院长李根源

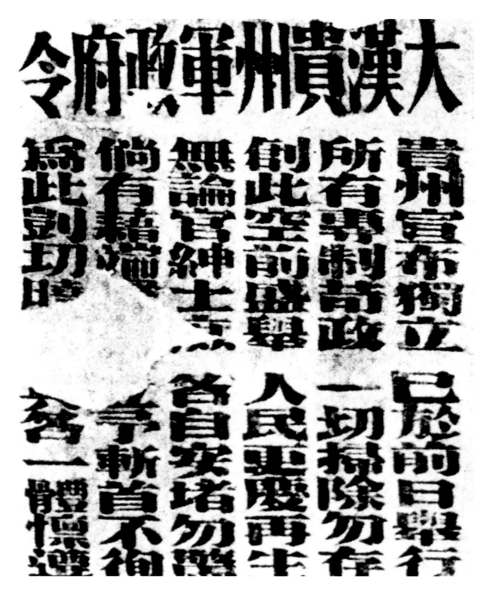

张百麟

1911 年 11 月 2 日，革命党人张百麟与宪政预备会会长任可澄等人会同谘议局议长谭西庚，劝说贵州巡抚沈瑜庆反正，沈不从。11 月 3 日，贵州陆军小学首举义旗，新军随即起义，革命党人、新军教练杨荩诚被推为指挥，率义军攻打贵阳城。沈瑜庆见大势已去，被迫交出政权。4 日，大汉贵州军政府成立，推杨荩诚为都督。5 日，军政府枢密院成立，张百麟为院长。图为贵州军政府成立时发布的安民告示。

1911年11月3日，上海的同盟会和光复会会员发动工人、农民、会党及商团起义，第二天光复上海。图为上海民军占领江南制造局。

沪军都督陈其美

民军光复上海后，派兵保护沪宁车站。

上海宣告独立,加速了长江流域各省的革命进程,使革命进入了新的高潮。正如孙中山所讲:武昌起义后,"响应之最有力而影响全国最大者,阙为上海"。图为上海光复后望平街南端各报馆门前景况。

1911 年 11 月 4 日晚，杭州革命党人攻占抚署，巡抚增韫被俘，杭州光复。图为被起义军攻破的浙江巡抚衙门。

率领敢死队光复杭州的蒋志清（介石）

浙江立宪派领袖汤寿潜出任都督

  上海的独立，推动了江苏的独立。在新军和立宪派的要求下，江苏巡抚程德全接受担任江苏都督的请求。1911 年 11 月 5 日，江苏宣布"和平光复"。6 日至 9 日，除南京外，无锡、常熟、南通、扬州、常州等相继独立。11 月中旬，江苏、浙江、上海革命党人组织江浙联军，推原清新军第九镇统制徐绍桢为联军总司令，分三路进攻南京。经过多日血战，12 月 2 日，南京被联军攻克。图为被联军攻克的南京富贵山炮台。

江苏都督程德全   联军总司令徐绍桢

会攻南京的海军陆战队

THE ILLUSTRATED LONDON NEWS, JAN. 6, 1912.—23

MAKING CHINA A REPUBLIC? THE FALL OF NANKING.

DRAWN BY FRÉDÉRIC DE HAENEN FROM A SKETCH BY OUR SPECIAL ARTIST IN CHINA.

THE FATEFUL 2ND OF DECEMBER: GENERAL LING'S TROOPS ENTERING THE TAIPING-MEN GATE.

Our Artist writes: "I enclose a sketch of the entry of the Revolutionary troops at the Taiping-men Gate. This is very instructive, as it shows the shell-marks on the wall and in the Gate." It will be recalled that the announcement that Nanking had fallen into the hands of the Revolutionists came on December 2. On the 3rd the Tartar city within the walled town was sacked and burned by permission of the authorities. Save for that the occupation took place quietly and systematically, and business was soon resumed. Out of this fall, and of others, came the confidence which recently announced once again the formation of a Chinese Republic, this time with Dr Sun Yat Sen as first President, and brought about the promise of a National Convention, which is to meet before long at Shanghai or Nanking, to decide, if possible, the future form of government in China.

　　南京的光复，有力地支持了武汉保卫战，也为中华民国南京临时政府成立创造了条件。这是 1912 年 1 月 6 日，英国《伦敦新闻画报》（The Illustrated London News）关于革命军进入南京太平门的图文报道。

沈秉堃

陆荣廷

1911年11月6日晚，广西士绅在桂林城中竖起几百面黄旗，上写"大汉广西全省国民军恭请沈都督宣布独立，广西前途万岁"二十四字。巡抚沈秉堃被推举为都督，王芝祥、陆荣廷为副都督。但不久，沈、王以率兵北伐为名，先后离桂，握有兵权的陆荣廷继任。

武昌起义后，安徽省城安庆的革命党人密谋于1911年10月30日发难，但未成功。而寿州、合肥、芜湖等地相继宣告独立，成立军政分府。11月8日，在立宪派劝说下，巡抚朱家宝在安庆宣布安徽独立，自任都督，遭到革命党人的强烈反对。11日，军、学各界代表集会，推同盟会会员王天培为都督。朱家宝煽动巡防营闹事，挤走王天培，独揽大权。后由同盟会会员孙毓筠继任都督。1912年3月，参加江浙联军会攻南京的陆军第一军军长柏文蔚率军北伐，接任都督，安徽局面才稳定下来。

朱家宝

柏文蔚

1911 年 11 月 9 日拂晓，同盟会会员、新军第十镇第二十协协统许崇智率军起义，闽浙总督松寿吞金自杀，福州将军朴寿被杀，福州光复。11 日，成立福建军政府，推举新军第十镇统制孙道仁为都督。图为福建民军与清军在于山展开激战。

军政府民军司令官许崇智

福建都督孙道仁

　　经立宪派斡旋，1911 年 11 月 9 日，广东宣布独立。推选的都督、原两江总督张鸣岐不敢接都督印信，"微服遁走"。各界代表与谘议局部分议员重新开会，推同盟会会员胡汉民为都督、陈炯明为副都督。11 月中旬，广东军政府正式成立。图为潮州民军预备进攻府署。

广东都督胡汉民

副都督陈炯明

张培爵

夏之时

尹昌衡

　　1911 年 11 月 22 日，革命党人、重庆府中学堂学监张培爵组织重庆各界群众，在朝天观召开独立大会，迎接新军排长夏之时领导的龙泉驿起义军入城，蜀军政府宣告成立，张培爵、夏之时为正、副都督。接着，四川各府县相继独立。11 月 26 日，清政府所派入川镇压保路运动的湖北新军在资州发动政变，端方被杀。为躲避革命打击，四川总督赵尔丰表示让出政权。11 月 27 日，四川军政府在成都成立，以谘议局议长蒲殿俊为都督，新军第十七镇统制朱庆澜为副都督。之后，同盟会会员、原陆军小学总办尹昌衡领部分新军平定兵变，杀赵尔丰，继任都督，稳定了成都局势。1912 年 2 月，成、渝两军政府合并，成立统一的四川军政府，尹昌衡为都督，张培爵为副都督。图为 1911 年 11 月 27 日庆祝成都独立集会的场景。

　　1911 年 11 月 11 日，清"海容"、"海琛"、"海筹"等舰自汉口前线下驶九江，宣告反正。这是倒戈易帜的清舰队旗舰"海容"号。

海筹号

海琛号

　　1911 年 11 月 13 日，山东各界联合会召开大会，讨论山东独立问题。迫于社会各界压力，巡抚孙宝琦宣布山东独立，孙被推为都督。其实，孙宝琦并不想独立，他与庆亲王和袁世凯都有儿女姻亲。11 月 24 日，孙宝琦宣布取消独立。图为山东各界举行独立纪念会合影。

张绍曾，清陆军第二十镇统制，武昌起义爆发后，联合第二混成协协统蓝天蔚、第三镇第五协协统卢永祥等，发动"滦州兵谏"，提出开国会、改定宪法、选举责任内阁等"十二条政纲"。兵谏失败后，张绍曾去职。

1911年12月31日，驻扎在滦州的新军第二十镇第七十九标在管带王金铭、施从云等率领下公开举行起义，响应南方革命，通电全国，宣布反正。1912年1月3日，在滦州城举行军政府成立大典，宣布成立中华民国北方革命军政府，王金铭任大都督，施从云任总司令，冯玉祥（第八十标第三营管带）任总参谋长，白毓昆（天津共和会会长）任参谋长。起义很快遭到镇压，王、施、白等牺牲。滦州起义虽然失败了，但是打乱了清政府的军事部署，有力地支援了南方革命，同时在北方宣传了民主革命思想，加速了清政府的灭亡。

吴禄贞，清陆军第六镇统制，因策划联合举兵进攻北京以响应武昌起义，被袁世凯暗杀于石家庄。

王金铭　　　　　　　　　施从云　　　　　　　　白毓昆

1911 年 11 月 17 日，同盟会会员张榕发起成立奉天各界"联合急进会"，任会长，积极策划起义响应。急进会成立后，迅速向东三省各地发展，会员很快达到数万之众。与此同时，革命党人在奉天庄河、辽阳以及吉林长春、黑龙江哈尔滨等地多次发动起义，展开武装斗争。后张榕遭东三省总督赵尔巽捕杀，东北三省未能独立。

在武昌起义和全国革命形势走向高潮的鼓舞下，1912 年 1 月 7 日，新疆伊犁同盟会负责人冯特民与李辅黄等人发动新军起义，光复伊犁。8 日成立新伊大都督府。图为伊犁起义重要人员合影（前排左一为冯特民，左四为率部起义的驻伊犁新军协统杨缵绪）。

神州大地的革命风雷，也震动了日本殖民统治下的台湾。在祖国大陆革命胜利鼓舞下，台湾革命志士纷纷揭竿而起，岛内抗日起义风起云涌。其中影响最大的是以罗福星为首的抗日斗争。

1913 年 3 月 15 日，罗福星在苗栗召开台湾各地抗日志士大会，发表《大革命宣言》，号召广大台湾同胞驱逐日寇，光复祖国河山。宣言受到台湾各族人民的热烈拥护和响应，短时间内参加革命行列的近 10 万人。

1913 年下半年，日本军警实行全岛大搜捕。全省起义计划随着 4000 多名各族革命者的被捕入狱而被完全破坏，罗福星本人也于 1913 年 12 月 19 日左淡水被捕。他在就义前写下"海外烟氛突一岛，吾民今日赋同仇。牺牲血肉寻常事，莫怕生平爱自由"的诗句，牺牲时年仅 29 岁。

罗福星

1915 年余清芳等人在台湾领导了震惊中外的西来庵起义，起义者数千人直逼噍吧哖日警支厅，血战几昼夜，数万无辜台胞遭日寇滥杀，余清芳等 866 名抗日志士被判处死刑。这就是著名的"噍吧哖事件"。图为余清芳等革命志士头部被覆盖篓子，随后被日军处决。

广大台湾同胞反抗日本侵略者的英勇事迹和爱国精神，在中国近代民族民主革命斗争史上写下了可歌可泣的光辉篇章。

第五部分：共和肇始

　　形势的迅猛发展，需要建立统一的革命政权。在筹建中央政权的过程中，各派势力展开了激烈的争夺。1911 年 12 月 25 日，历经 16 年海外流亡和艰苦斗争的孙中山回到祖国。他为缔造共和制度进行了始终不懈的努力，得到人们的公认。1911 年 12 月 29 日，经 17 省代表会议选举，孙中山以 16 票当选中华民国第一任临时大总统。1912 年 1 月 1 日，孙中山在南京就任中华民国临时大总统，建立起共和政体，实现了中国近代历史性的巨变。

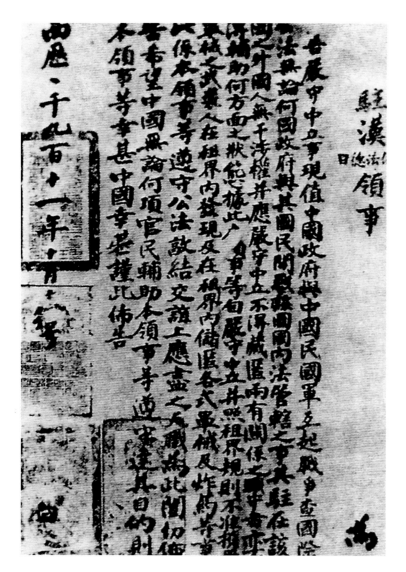

武昌起义的成功，引起西方列强的惊恐，英、美、法、德、日等国，调集了20多艘军舰在武汉江面待命。各国在"中立"的幌子下窥视局势的发展变化。上图为1911年10月18日，驻汉英、俄、法、德、日领事严守中立布告。

下图：在汉口码头附近的外国军舰。

　　1911 年 10 月 14 日，清政府在内外各种压力下，下诏起用袁世凯为湖广总督，督办"剿抚"事宜。袁世凯以"足疾未愈"为由，不肯赴任。继而又向朝廷开出六项条件：一是明年即开国会；二是组织责任内阁；三是宽容参与武昌事变诸人；四是解除党禁；五是授权指挥水陆各军及关于军队编制的全权；六是供给充足军费。这是袁世凯蛰居故里期间拍摄的一张经典照片，刊登在 1911 年 6 月 20 日上海《东方杂志》第八卷第四号上，图中左站立者为袁世凯，右垂钓者为袁三兄袁世廉。

1911 年 10 月 27 日，清廷连发四道上谕，召荫昌回京，任命袁世凯为钦差大臣。拨出 100 万两银子充作军费。让袁的亲信冯国璋、段祺瑞分别统率第一军和第二军，并命令所有河北的海陆各军及长江水师，均归袁世凯节制。10 月 30 日，袁世凯离开彰德南下。这是一张 1911 年 11 月上海发行的《战事画报》，画报上方为袁世凯像，时袁正在汉口督师。

上图：英国公使朱尔典。1911 年 11 月 1 日，清廷任命袁世凯为内阁总理大臣，要他即行赴京组织"责任内阁"。13 日，袁世凯抵京任职。英国公使朱尔典与袁世凯密商，联合逼迫摄政王载沣以醇亲王名号，退居私邸，"不再预政"。军政大权悉归袁世凯。

下图：鄂军都督黎元洪就停战条件复袁世凯信（部分）。1911 年 11 月 29 日，驻汉口英国领事奉公使朱尔典之命，出面向湖北军政府提出三项议和条件：双方即日停战，清帝退位，举袁世凯为大总统。湖北军政府接受停战条件。

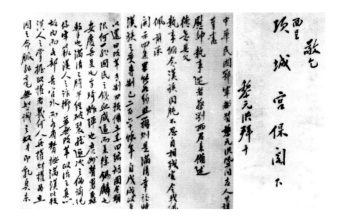

　　1911 年 12 月初，南北议和开始。双方代表于 12 月 18 日上海英租界市政厅举行正式谈判，帝国主义列强对会议施加压力，劝告双方"尽速达成协议"。图为南北和谈会场。

南方和谈代表伍廷芳

北方和谈代表唐绍仪

惜阴堂主人赵凤昌与家人合影。赵凤昌曾任湖广总督张之洞幕僚，在南北和谈、民国创立上发挥了特殊的重要作用。

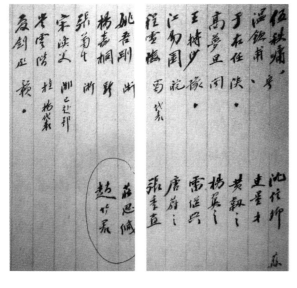

这是《赵凤昌藏札》中有关各省代表讨论共和政体的记录。其中拟定政见五条为：保全全国旧有疆土，以巩固国家之地位；消融一切种族界限，以弭永久之竞争；发挥人道主义，以图国民之幸福；缩减战争时地，以速平和之恢复；联络全国军民，以促共和之实行。

HOW YOUNG CHINA RECEIVES the NEWS of the REBELLION
A SCENE IN A CHINESE REVOLUTIONARIES' CLUB IN LIMEHOUSE

The progress of the Chinese rebellion is being followed with lively interest by the Chinese in the great cities of Europe and Asia, nearly all of whom are in sympathy with the movement, many, indeed, having been expatriated for their revolutionary aspirations. These are the people who have supplied a large part of the funds for the revolutionary propaganda in China, which has been directed mainly from abroad. The leader, Dr. Sun Yat Sen, who is at present in New York, has stated that "the new men who will control the destinies of China know Paris, London and America, and they will borrow from these directions their constitutional ideals as well as their individual liberties."

DRAWN BY LESLIE HUNTER

武昌起义当天，孙中山正在从美国西海岸前往中东部地区筹款的途中。1911 年 10 月 12 日，他在科罗拉多州的典华（今译丹佛）城通过报纸得知武昌起义的消息。经过一系列的外交活动，11 月 24 日，孙中山由法国马赛港乘"地弯夏"号游轮回国。这是 1911 年 11 月 4 日，英国《图画报》（The Graphic）关于辛亥革命的消息传到英国时的报道。图中描绘的是革命青年正在阅读刊登有辛亥革命消息的报纸。

　　1911 年 12 月 21 日，孙中山船抵香港。孙中山与到港迎接他的广东军政府都督胡汉民与廖仲恺商讨革命大计，并说服胡汉民与其一同赴沪。这是孙中山在船上与欢迎者的合影，前排左起：咸马里、山田纯三郎、胡汉民、孙中山、陈少白，右二为廖仲恺；后排左六为宫崎寅藏。

1911 年 12 月 25 日，孙中山抵达上海，受到黄兴、陈其美、汪精卫等革命党人和各界人士的热烈欢迎。孙中山在接受《大陆报》主笔采访时说："予不名一钱也，所带回者，革命之精神耳！革命之目的不达，无和议之可言也。"这是孙中山抵达上海时的情景。

宋教仁

1911 年 12 月 26 日，孙中山在上海召开同盟会最高干部会议。会上，就采用总统制还是内阁制，孙中山与宋教仁意见分歧。最后议决推举孙中山为民国临时大总统，采用总统制。这次会议对打破各省代表会议在选举上的僵局，催生历史上前所未有的共和政体起到重要的促进作用。

中華民國臨時大總統選舉會攝影

　　1911年12月29日，17省代表在南京举行正式选举临时大总统会议。候选人为孙中山、黄兴、黎元洪，每省有一票投票权。选举结果除浙江投一票给黄兴外，孙中山以16票当选。消息当天传到上海，正在出席同盟会欢迎孙中山大会的革命党人在黄兴带领下，高呼："中华民国万岁！"共享来之不易的胜利欢乐。图为参加选举的各省代表合影。

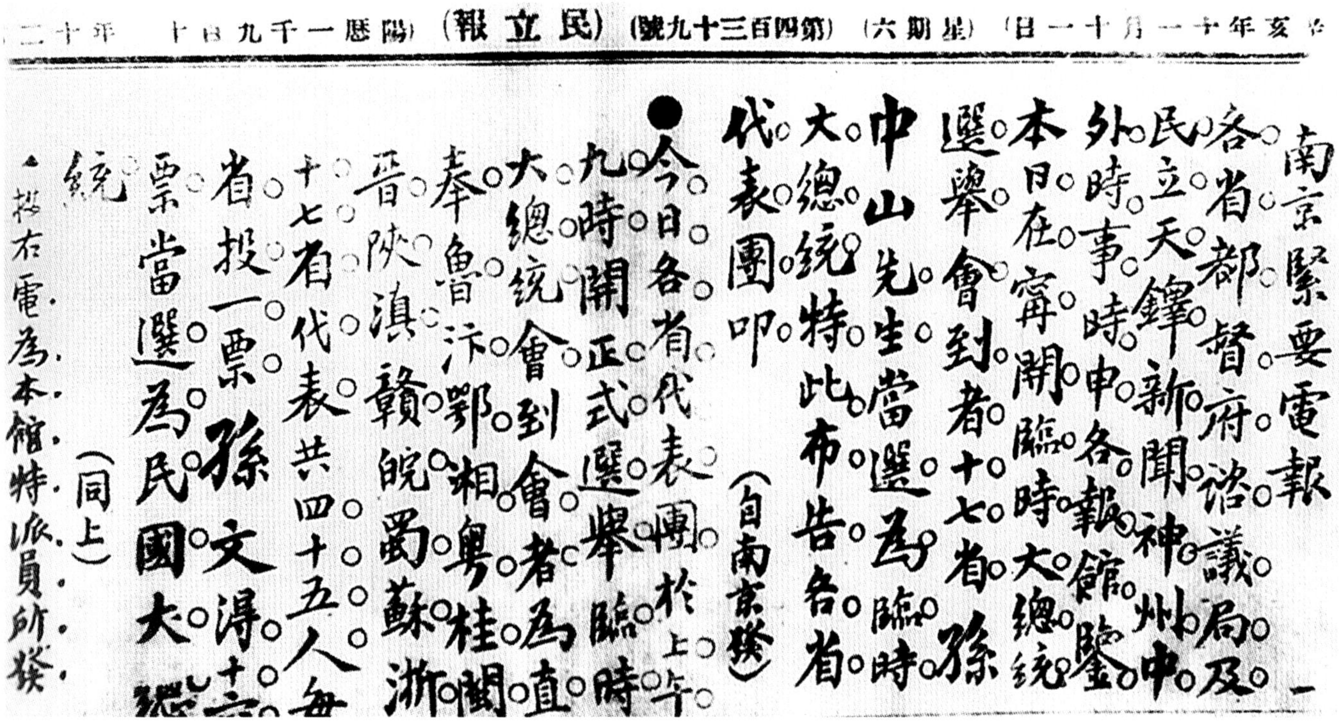

二十年　陽歷一千九百十日　（民立報）　（第四百三十九號）　（星期六）　（辛亥年十一月十一日）

南京緊要電報

各省都督府諮議局及○
民立天鐸新聞神州中○
外時事時中各報館鑒○
本日在審開臨時大總○
選舉會到者十七省孫○
中山先生當選為臨時○
大總統特此布告各省○
代表團叩○（自南京發）

●今日各省代表團於上午
九時開正式選舉臨時
大總統會到會者為直○
奉魯豫鄂湘粵桂閩○
晉陝滇贛皖蜀蘇浙○
十七省代表共四十五人每○
省投一票孫文得十○
票當選為民國大總○
統

右電係本館特派員所發
一投（同上）

《民立报》刊载的孙中山当选临时大总统消息

　　1912 年 1 月 1 日，孙中山从上海前往南京就职。上海各界人士及市民数千人自发集聚车站欢送孙中山。上午 11 时，专列在"共和万岁！"的欢呼声中徐徐驶离上海。

下午5时，专车抵达南京下关车站，受到各省代表和南京军民的隆重欢迎。南京城内洋溢着节日的喜庆。在军乐队凯旋曲中，孙中山的车队到达总统府。

上图：南京临时大总统府办公处。

右图：总统府暖阁（孙中山宣誓就职的地方）外景。

大總統誓詞

傾覆滿洲專制政府鞏固中華民國圖謀民生幸福此國民之公意文實遵之以忠於國為眾服務至專制政府既倒國內無變亂民國卓立於世界為列邦公認斯時文當解臨時大總統之職謹以此誓於國民

中華民國元年元旦

孫文

左图：大总统誓词。当晚 11 时，中华民国大总统莅位典礼开始。由山西代表景耀月报告选举情况，接着孙中山高声宣誓就职。

右图：中华民国临时大总统印印文。在宣读就职誓词后，孙中山立正躬身敬受大总统印，即以此印发布《临时大总统就职宣言书》。

上图：孙中山就职时发布的宣言书。宣言明确指出："临时政府，革命时代之政府也。"规定临时政府的任务是："尽扫专制之流毒，确定共和，以达革命之宗旨，完国民之志愿。"提出以实现民族统一、领土统一、军政统一、内政统一、财政统一，反对民族压迫和分裂割据。宣言提出："满清时代辱国之举措与排外之心理，务一洗而去之……使中国见重于国际社会，且将使世界渐趋于大同。"

右图：孙中山发布的《告海陆军士文》。

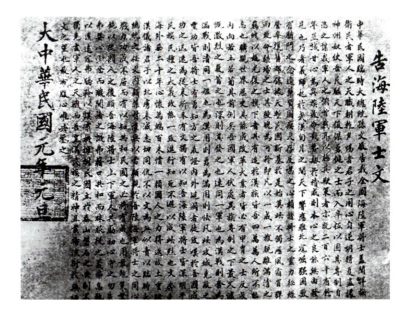

就任临时大总统时的孙中山。宣言发布后，孙中山下令定国号为"中华民国"，并在1912年1月2日发布《改历改元通电》，规定："中华民国改用阳历，以黄帝纪元四千六百零九年十一月十三日，为中华民国元年元旦。"

上海南京路街头悬挂的五色旗和灯笼，庆祝民国成立和新纪元。

瑞雪中的杭州民国纪元庆祝会

1912 年，上海自由社刊印的月份牌。

    1912 年 1 月 3 日，中华民国临时政府在南京成立，各省代表会议通过了孙中山提交的各部部长、次长任命名单。九名国务员是：陆军总长黄兴，海军总长黄钟瑛，司法总长伍廷芳，财政总长陈锦涛，外交总长王宠惠，内务总长程德全，实业总长张謇，交通总长汤寿潜，教育总长蔡元培。图为 1 月 21 日，孙中山主持召开的首次内阁会议，从左至右：王鸿猷（财政次长）、王宠惠、黄兴、孙中山、陈锦涛、蔡元培、景耀月（教育次长）、黄钟瑛。

1911 年 1 月 9 日，孙中山与陆军部人员合影。孙中山左为陆军总长黄兴，右为陆军次长蒋作宾。

1912 年 1 月 28 日，改各省代表会议为临时参议院，由各省代表会议的代表充任参议员，推福建代表林森为议长。图为孙中山出席临时参议院成立典礼时与参议员合影，前排左三起：蔡元培、黄兴、孙中山、赵士北、魏宸组、胡汉民。

THE ILLUSTRATED LONDON NEWS, MARCH 2, 1912.—325

FREEDOM BY FORCE: COMPELLED TO LOSE A BADGE OF SERVITUDE.

AFTER A PHOTOGRAPH BY THE RECORD PRESS.

MADE TO WALK ABROAD AN OBVIOUS REPUBLICAN: A CHINAMAN, UNWILLING TO HAVE HIS PIGTAIL REMOVED, LOSING IT AT THE HANDS OF SOLDIERS.

Most of the Chinese have taken kindly to the abolition of the pigtail, and have willingly had their queues removed, in a desire to rid themselves of the ancient sign of servitude to the Manchus, and to appear as true Republicans. Others, more conservatively minded, have wished to retain their pigtails. To these the soldiery in Nanking, at all events, have been paying attention, relieving them of their pigtails by force. It is interesting to remark that the cutting off of the queues has had one curious effect on trade, and is, it is said, to have another. There has already been a most unusual demand for foreign hats and caps in China; the American Consul at Hongkong points out that recently one store alone sold over 600 dozen felt hats and over 1000 dozen caps in a week. And there is a report that false hair of the coarser kind is likely to be decidedly cheap for a while, the supply from China being so abnormal.

　　孙中山为建立完整的民主共和国，履行他"尽扫专制之流毒"的誓言，主持临时政府颁布了30余项政策和法令，推行了一系列充满民主共和、废除封建陋习的革新措施。这是1912年3月2日，英国《伦敦新闻画报》（The Illustrated London News）的报道，图上是南京街头警察给路人剪辫子的情形。

　　1912年3月8日，《中华民国临时约法》由南京临时政府参议院正式通过。《临时约法》共7章56条，有六大基本内容：一是规定了"中华民国之主权属于国民全体"；二是规定中华民国领土不可分割，确认中国是一个统一的多民族国家；三是规定国家机构采取立法、行政、司法三权分立的政治体制；四是宣布中华民国人民一律平等，规定人民享有人身、居住、财产、言论、出版、集会、结社、通信、信仰等自由，有请愿、陈讼、考试、选举及被选举等权利，有纳税、服兵役等义务；五是确认了保护私有财产的原则，规定"人民有保有财产及营业之自由"；六是规定了《中华民国临时约法》效力与宪法相等，是中华民国制订宪法以前的最高法律和根本大法。它的颁布，在中国宪政史上具有划时代的意义。

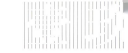

8ᵉ Année. Nᵒ 85 Le Volume Mensuel **1 fr.** net (Étr. 1 fr. 50) **15 FÉVRIER 1912**

Je sais tout

Cl. Manuel

SUN YAT SEN, PRÉSIDENT DE LA RÉPUBLIQUE CHINOISE
ÉDITIONS PIERRE LAFITTE & Cⁱᵉ, 90, AVENUE DES CHAMPS-ÉLYSÉES, PARIS
Copyright by Pierre Lafitte et Cⁱᵉ 1912

1912 年 2 月 15 日，法国报纸《万事通》(Je Sais Tout) 关于辛亥革命的报道，标题为《孙中山，中华民国的总统》。这是目前已知孙中山最早的彩色肖像。

为配合南北议和，逼清帝早日退位，南京临时政府部署六路北伐军，进攻北京。图为沪军讨虏学生队。

THE BOMB - ATTEMPT UPON YUAN - SHI - KAI, REPUBLIC - FORMER.

1. THE SENTRY - BOX WHICH SAVED YUAN - SHI - KAI'S LIFE BY SPOILING THE AIM OF THE BOMB - THROWERS: THE SCENE OF THE OUTRAGE; SHOWING, ON THE LEFT, A HYDRANT WITH ITS WOODEN COVER SHATTERED BY THE EXPLOSION.

2. SHOWING, ON THE LEFT, THE TEA - SHOP FROM WHICH THE BOMB - THROWERS CAME, INTO WHICH THEY FLED, AND IN WHICH THEY WERE ARRESTED: THE SCENE OF THE OUTRAGE IN WANG - FU STREET.

3. SOON UPON THE SCENE AND SMILING AS HE MOUNTED GUARD OVER THE PRISONERS: THE HIGH EXECUTIONER AWAITING ORDERS AFTER THE OUTRAGE.

4. UNDER A BASKET AND PROTECTED BY A TRIPOD: A BOMB WHICH DID NOT EXPLODE, GUARDED BY CHINESE SOLDIERS OPPOSITE THE TEA - SHOP (X).

5. AFTER THE EXPLOSION: THE HORSE OF ONE OF YUAN - SHI - KAI'S ESCORT STRETCHED DEAD IN THE ROADWAY AFTER THE BOMB - THROWING.

6. SIGN OF THE SERIOUSNESS OF THE AFFAIR: A HORSE OF YUAN - SHI - KAI'S ESCORT DEAD ON THE SCENE OF THE OUTRAGE.

7. SHOWING THE DAMAGED DOORS AND THE POLICE GUARD: THE TEA - SHOP INTO WHICH THE BOMB - THROWERS FLED.

It was reported the other day that the Dowager-Empress of China had issued an unpublished edict instructing Yuan-Shi-Kai to establish a Republic in co-operation with the Southern Republicans, and that that personage was then seeking to persuade the Nanking Government to allow him to administer the affairs of the whole of China pending the National Convention's appointment of a permanent Government and its adoption of a Constitution. He is not likely to find the way he is treading paved with anything but thorns. There is no doubt that his life is in constant danger. Witness the occurrence of January 16, when he narrowly escaped assassination in Peking. Three bombs were thrown at his carriage as he was driving through Wang-fu Street after a conference at the Palace; and some twenty people, including members of his escort and police, were injured, several dying from their wounds. The bombs, which were about the size of a condensed-milk tin, contained a powerful explosive. One failed to explode, and the other two, being badly aimed, fell behind the Premier's carriage. The assassins came out from a tea-shop as he approached, and after throwing the bombs rushed back into it and were arrested there.

　　袁世凯一面与南方议和，一面则向清廷逼宫。正在此时，发生了革命党人刺杀袁世凯事件。1912 年 1 月 16 日上午，袁世凯出朝，乘马车行至东安门大街和王府井大街交叉路口的三顺茶叶店门前时，京津同盟会会员张先培、杨禹昌、黄之萌从茶叶店楼上投下炸弹，但未击中袁世凯，三人被捕牺牲。自此，袁即托病不朝。

　　这是当年 2 月 10 日英国《伦敦新闻画报》关于革命党人刺杀袁世凯的图文报道，标题为《未遂的刺杀袁世凯行动》。图片有七张，从左至右、从上至下分别为在爆炸发生地向东看；爆炸发生地三顺茶叶店门口；爆炸发生地的警察；竹筐罩着未爆的炸弹；被炸死的卫队马匹；警察和被炸死的马匹；三顺茶叶店。

1912 年 1 月 19 日，良弼、傅伟、铁良等王公亲贵组织宗社党，坚决反对清帝退位。1 月 26 日，同盟会会员彭家珍炸死宗社党首领良弼，宗社党随之瓦解。北洋军将领段祺瑞等 46 名军官根据袁世凯授意，联衔电奏，吁请清帝退位，立定共和政体。2 月 3 日，隆裕太后授袁世凯以全权与南京商谈退位条件。

彭家珍

隆裕太后

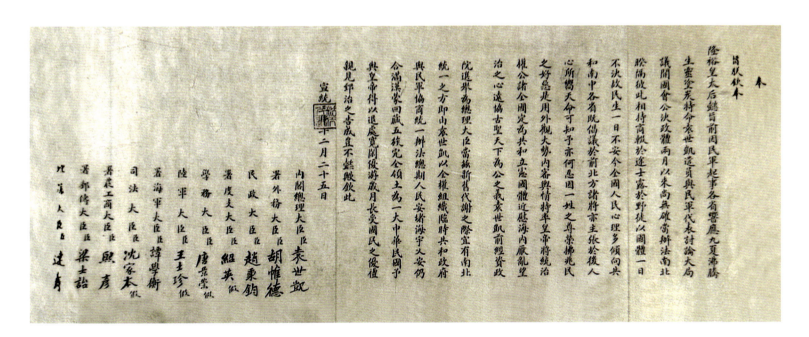

1912 年 2 月 12 日，迫于革命形势和在袁世凯的威逼利诱下，隆裕太后带着 6 岁的溥仪，在养心殿举行了最后一次朝见礼仪，颁布《清帝退位诏书》。至此，统治中国 260 余年的清王朝和压迫中国人民 2000 多年的君主专制制度结束了。

据说，袁世凯在《清帝退位诏书》颁布当晚就剪了辫子，剪的时候不断地哈哈大笑。这是法国《小报》（Le Petit Journal）增刊彩色石印画，描绘的是袁世凯剪辫子的场景。

BEFORE SUN YAT SEN RESIGNED: THE FIRST CHINESE REPUBLICAN CABINET.

PHOTOGRAPHS BY ILLUSTRATIONS BUREAU.

按照南京临时政府与袁世凯达成的协议，在清帝宣布退位之后，孙中山向参议院请辞临时大总统一职。1912 年 2 月 15 日，参议院选举袁世凯为第二任临时大总统。为防备袁世凯撕毁协议，破坏共和，孙中山在提出辞职的同时，附加了三项条件：第一，临时政府地点设在南京，为各省代表所议定，不得更改；第二，辞职后，新总统必须来南京就职，原总统和国务员再行解职；第三，《临时约法》为参议院所制订，新总统必须遵守颁布的一切法律章程。

这 是 1912 年 3 月 23 日，英国《伦敦新闻画报》(The Illustrated London News）的图文报道，标题为《孙中山辞职前，中国的第一个内阁》。

1. LEAVING FOR A CABINET MEETING ACCOMPANIED BY HIS STAFF: DR. SUN YAT SEN, THE PROVISIONAL PRESIDENT OF THE CHINESE REPUBLIC, WHO RESIGNED IN YUAN SHI KAI'S FAVOUR.

2. WITH SOME OF THE MEMBERS OF THE FIRST CHINESE REPUBLICAN CABINET: DR. SUN YAT SEN, THE CHINESE REVOLUTIONARY LEADER.

3. SHOWING A SPARSE ATTENDANCE OF PIGTAIL-LESS REPRESENTATIVES IN NATIONAL DRESS: A MEETING OF DELEGATES UNDER THE PRESIDENCY OF DR. SUN YAT SEN.

4. SALUTED BY TWO OF THOSE WHOSE ACTION MADE THE REPUBLIC A POSSIBILITY: DR. SUN YAT SEN HONOURED BY SOLDIERS OF THE CHINESE ARMY.

5. WITH MINISTERS OF HIS CABINET: DR. SUN YAT SEN.

Dr. Sun Yat Sen, the Chinese revolutionary leader, was elected Provisional President of the Chinese Republic on December 29 last, by a convention at Nanking at which fourteen of the provinces of China were represented. A Republican Cabinet was formed in that city comprising some of the ablest men in China. On January 5 Sun Yat Sen issued from Shanghai a Republican manifesto addressed "to all friendly nations," outlining the Republican policy. Negotiations were opened between Sun Yat Sen and the Republicans at Nanking and Yuan Shi Kai and the Imperialists at Peking, and on January 18 it was stated that the conference of delegates from seventeen provinces assembled at Nanking would elect Yuan Shi Kai President. Sun Yat Sen, the Provisional President, retiring in his favour. On February 12 were issued from Peking the three historic edicts which brought the Manchu rule to an end, and gave Yuan Shi Kai power to form a Republican Government. Three days later Sun Yat Sen resigned, and, as anticipated, Yuan Shi Kai was elected President.

1912年2月15日，已提出辞职咨文的孙中山率文武官员祭祀明孝陵。前排左三为南京临时政府南京卫戍总督徐绍桢，左四为陆军总长黄兴，左六为海军总长黄钟瑛，左七露半边脸者为教育总长蔡元培。

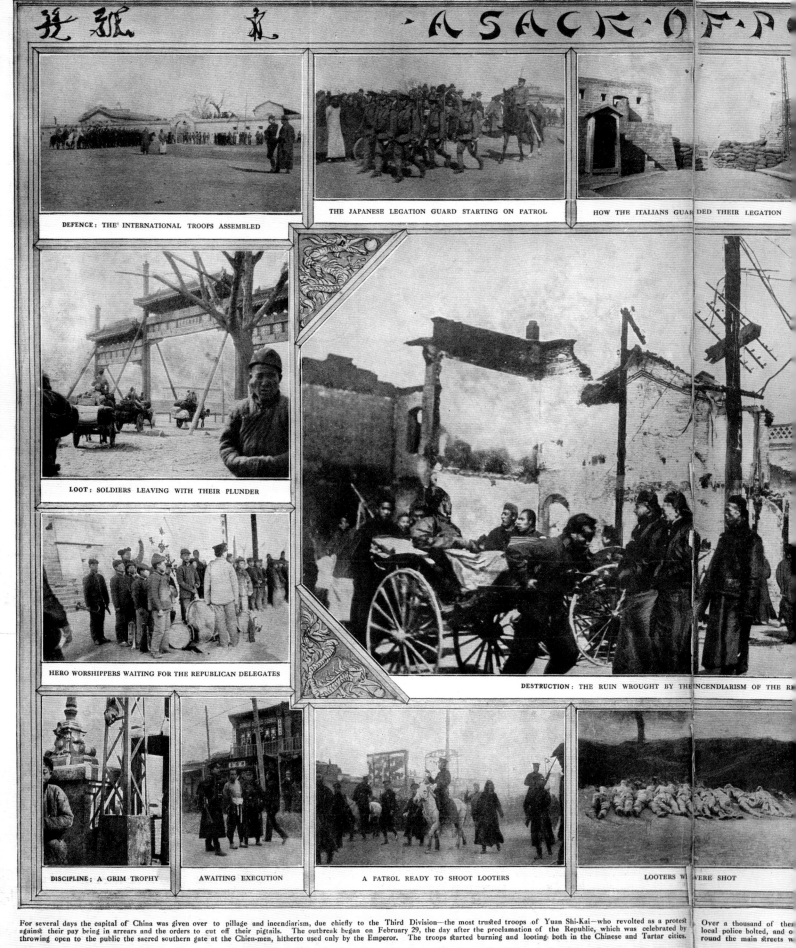

逃張京 · A·SACK·OF·P

DEFENCE: THE INTERNATIONAL TROOPS ASSEMBLED

THE JAPANESE LEGATION GUARD STARTING ON PATROL

HOW THE ITALIANS GUARDED THEIR LEGATION

LOOT: SOLDIERS LEAVING WITH THEIR PLUNDER

HERO WORSHIPPERS WAITING FOR THE REPUBLICAN DELEGATES

DESTRUCTION: THE RUIN WROUGHT BY THE INCENDIARISM OF THE R

DISCIPLINE: A GRIM TROPHY

AWAITING EXECUTION

A PATROL READY TO SHOOT LOOTERS

LOOTERS WHO WERE SHOT

For several days the capital of China was given over to pillage and incendiarism, due chiefly to the Third Division—the most trusted troops of Yuan Shi-Kai—who revolted as a protest against their pay being in arrears and the orders to cut off their pigtails. The outbreak began on February 29, the day after the proclamation of the Republic, which was celebrated by throwing open to the public the sacred southern gate at the Chien-men, hitherto used only by the Emperor. The troops started burning and looting both in the Chinese and Tartar cities.

Over a thousand of them local police bolted, and o round the main streets w

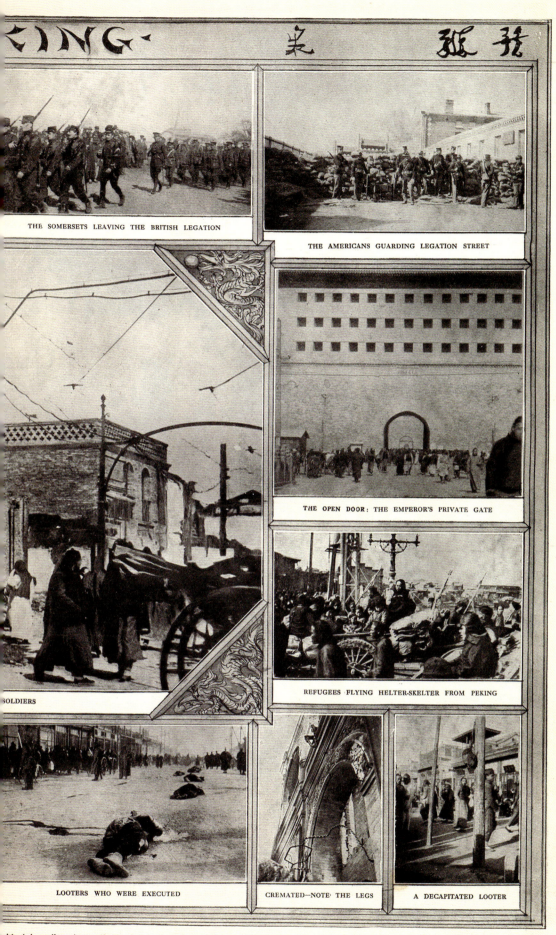

KING·

THE SOMERSETS LEAVING THE BRITISH LEGATION

THE AMERICANS GUARDING LEGATION STREET

THE OPEN DOOR: THE EMPEROR'S PRIVATE GATE

REFUGEES FLYING HELTER-SKELTER FROM PEKING

SOLDIERS

LOOTERS WHO WERE EXECUTED

CREMATED—NOTE THE LEGS

A DECAPITATED LOOTER

with their spoils, subsequently marched to the railway station, seizing three trains and leaving for Paoting-fu. When the first shots were fired the
finally restored by the old-style provincial troops, while the guards of the nine foreign Legations—in all 700 men, mounted and on foot—marched
machine guns and allayed the panic of the inhabitants. The guilty soldiers escaped scot-free, but over 100 Chinese looters were summarily executed.

　　袁世凯表面答应南下就职，
但暗中指使亲信曹锟所属第三
镇发动北京兵变，造成北方局
势动荡假象，为其拒绝南下制
造借口。

　　这是 1912 年 3 月 30 日 英
国《图画报》(The Graphic) 关
于北京兵变的图文报道，标题
为《北京的一次劫难》。图片有
17 张，从左至右、从上至下分
别为使馆区的卫队；日本使馆卫
队开始巡逻；警卫使馆的意大利
士兵；离开英国使馆的卫队；守
卫东交民巷的美国士兵；兵变士
兵载着赃物离开；兵变中被烧毁
的商铺；正阳门箭楼；龙泉孤儿
院的军乐队；抢劫犯慌乱地离开
北京；被示众的头颅；准备行刑；
巡逻队准备向抢劫者开枪；被枪
决的抢劫者；被斩首的抢劫者。

Ce numéro se compose de VINGT-QUATRE pages, dont une gravure en couleurs hors texte, et contient deux suppléments
1º L'Illustration Théâtrale avec le texte complet de LA FLAMBÉE, de M. Henry Kistemaeckers :
2º Le 2º fascicule d'une nouvelle de M. Marcel Luguet : L'AUDITION.

L'ILLUSTRATION

Prix de ce Numéro : Un Franc.   SAMEDI 16 MARS 1912   70e Année. — Nº 3603.

LE PRÉSIDENT D'UNE JEUNE RÉPUBLIQUE DE QUATRE CENTS MILLIONS D'HOMMES
Yuan Chi Kaï entouré de son état-major.

Photographie prise pour L'Illustration à Pékin, au nouveau Waï-Ou-Pou, le 25 février. — Tous droits réservés.

在袁世凯阴谋活动下，
1912年3月6日，南京临时
参议院议决允许袁世凯在北
京就职。3月10日，袁世凯
在北京宣誓就任第二任临时
大总统。4月1日，孙中山
正式解除临时大总统职务。4
月5日，临时参议院议决临
时政府迁往北京。辛亥革命
的成果被袁世凯所篡夺。这
是1912年3月16日，法国
《画报》（L'Illustration）的图
文报道，标题为《共和国总
统和他的随从》。

孙中山与总统府秘书处同仁合影。前排右起：冯自由、胡汉民、孙中山、唐绍仪。

民元孙文 奋鬥

孙中山手书"奋斗"

辛亥革命是 20 世纪中国所发生的第一次历史性巨变，开创了完全意义上的近代民族民主革命。它不仅推翻了清王朝的统治，而且结束了统治中国几千年的君主专制制度，在中国大地上建立了共和政体，从而有力地促进了中华民族的新觉醒，推动了中国人民的思想解放，激励中国人民为争取民族独立和人民解放、实现国家富强而更加勇敢地奋斗！

后　记

在纪念辛亥百年之际，2011 年 10 月 8 日至 10 日，中国文史出版社与台湾绍唐史学研究会、台湾夏潮基金会、台湾中华新文化发展协会共同举办了"回望壹玖壹壹——海峡两岸纪念辛亥革命一百周年"图片展。

展览分为五个部分：内忧外患、志士同盟、武昌首义、各地响应、共和肇始。时间跨度从 1840 年鸦片战争成为中国历史转折开始，至 1912 年 3 月南京临时参议院颁布《中华民国临时约法》、孙中山辞去临时大总统止。展览通过丰富、生动、翔实的图片资料，回顾近代中国历史进程，重点展现孙中山先生组织领导辛亥革命的全过程和伟大历史功绩。通过展览，缅怀孙中山先生等辛亥革命先驱的历史功勋，弘扬和光大辛亥革命精神，团结海内外中华儿女，为推进祖国和平统一大业、实现中华民族伟大复兴而努力奋斗！

中共中央政治局常委、全国政协主席贾庆林，全国政协副主席兼秘书长钱运录等全国政协领导同志，在京部分全国政协委员，应邀前来参加纪念大会的 100 多位辛亥革命先辈后裔和海外嘉宾以及有关方面负责同志观看了展览。展览获得了各方的好评。展览结束后，还应邀在北京大学举办了巡展活动。

　　展出的 260 余幅历史图片、110 多块展板中，台湾有关研究机构和个人搜集、提供的影像资料约占一半，绝大多数为鲜见的高清晰度图片，首次公开展出。展览还包括若干张 100 年前英、法等国媒体报道辛亥革命的原版报纸，更让我们能从国际视野认识和解读辛亥革命的伟大意义。

　　为进一步宣传展览的成果，使这些珍贵图片得到充分利用，发挥好"存史、资政、团结、育人"的功能，我们在展出图片的基础上加以增补、完善，编辑出版了这部《回望壹玖壹壹——海峡两岸纪念辛亥革命一百周年图集》。收入书中的图片共有 290 余幅。

　　在这里，我们向给予展览举办和图集出版大力支持的著名辛亥革命史研究专家金冲及先生、国务院台湾事务办公室交流局、全国政协机关有关局室和台湾有关研究机构表示衷心的感谢！

　　囿于编辑水平，不当之处敬请社会各界和广大读者批评指正。

编　者

2012 年 5 月

图书在版编目（CIP）数据

回望壹玖壹壹：海峡两岸纪念辛亥革命一百周年图集/沈晓昭主编.—北京：
中国文史出版社，2012.5

ISBN 978-7-5034-3367-2

Ⅰ.①回… Ⅱ.①沈… Ⅲ.①辛亥革命—史料—图集 Ⅳ.① K257.06-64

中国版本图书馆 CIP 数据核字（2012）第 083131 号

责任编辑：王文运

装帧设计：杨飞羊

出版发行：中国文史出版社

社　　址：北京市西城区太平桥大街 23 号　邮编：100811

电　　话：66173572　66168268　66192736

传　　真：66192703

印　　装：北京雅昌彩色印刷有限公司　邮编：101312

经　　销：全国新华书店

开　　本：635×965mm　1/16

印　　张：12.25

版　　次：2012 年 7 月北京第一版

印　　次：2012 年 7 月第一次印刷

定　　价：600.00 元